子どものこころは大人と育つ

アタッチメント理論とメンタライジング

篠原郁子

光文社新書

子どものこころは大人と育つ

アタッチメント理論とメンタライジング

目次

第1章　幸せな子どもはくっついて育つ　アタッチメント理論の概要…29

第3章 大人のこころで子どものこころを思う 子どもへのメンタライジング…113

第4章 子どものこころはどこにある？ 赤ちゃんへのマインド・マインデッドネス…147

第5章 そうして子どもに育つもの　アタッチメント関係…183

第6章 人生を歩むちから アタッチメントと非認知能力…221

イラスト／山本重也
図版製作／マーリンクレイン
章扉・目次デザイン／熊谷智子

まえがき　子どものために全ての大人ができること

「子ども」

この言葉を聞いて、あなたの頭に浮かぶのは誰でしょうか。もし、あなたが親であるなら、自分の子どもの顔でしょう。子どもに関わる仕事をしている方なら、クラスや園や学校にいる子どもたちでしょう。これから生まれる子どもの姿を想像した方も、あるいは社会に生きるたくさんの子どもたちを思い浮かべた方もいるかもしれません。

この本は、心理学を専門としている筆者が、どんな形であれ子どもと関わり、子どもに関心を寄せている方に向けて、子どもをテーマに書いたものです。けれども、子どもの心理や育ちの特徴についてではなく、また、子育てのためのハウツーを示すのでもなく、「子ども」

と「大人」の間に生じる心理的な関係にスポットをあてるものとしました。

「子どもと大人との関係」の「子ども」の部分には、先ほどあなたが思い浮かべた具体的な子どもの顔をあてはめてみてください。「大人」の部分には、あなた自身をあてはめてみてください。あなたがその子どもと関わるとき、あなたの心に何が起こるでしょうか。あなたには何が求められ、あなたには何ができるのでしょうか。そして、あなたとの間に築いた関係は、その子どもに何を伝えていくのでしょうか。

この本は、子どもを客観的に遠くから矯《た》めつ眇《すが》めつするのではなくて、子どもと一緒にいるときに湧き起こる大人の心の動きに着目します。つまり、子どもについての本だけれども、大人であるあなた自身の価値に関わる内容でもあります。ですから、自分事であると思いながら、ページをめくっていただきたいと願っています。

子どもの「幸せ」を考える

なぜ本書が「子どもと大人との関係」に着目するかというと、子どもが生まれてから出会う様々な相手との間に築く関係の「質」を考えていくことが、子どもの幸せな人生につながると思うからです。子どもとつながる大人が、知恵を持ち工夫をして、子どもとの関係を

「いつでも、ここから」つくり、続けていくよう励むことは、子どもが幸せに生きていくちからを育むことにつながると考えるからです。

本当のところ、筆者は、「幸せ」なんて大きな言葉を使うのはどうにも苦手です。苦手の背景にからめて少し自己紹介をしましょう。私は心理学、中でも特に発達心理学の研究をしています。心理学は心の理《ことわり》にせまる学問です。私たちの心は、いろいろなものに反応します。その反応の仕方や、反応の仕組み、何に反応するかなどを探求するのが心理学の醍醐味です。発達心理学には、生涯における発達段階ごとの特徴、例えば、乳児や幼児、成人、高齢者、それぞれにおける心の反応の違いを研究するという面白さがあります。私は特に「人間は心を持って生まれてくるのか」「心は生まれてからどう育っていくのか」といったことに関心があり、乳児や幼児の心理的発達を研究してきました。

さて、件の「幸せ」ですが、これはそれぞれの心が感じ取るものだと思います。また、同じ人であっても、子どもの頃の幸せと、大人になったときの幸せは違うかもしれません。十人十色の幸せは語るに難しく、ですから「幸せ」なんて言葉はこれまでそうそう使うこともありませんでした。また、考えてみることもなかったように思います。ところが、自分が親になって子どもとの生活が始まると、俄然、子どもの幸せについて考えるようになりました。

「這えば立て、立てば歩めの親心」とは言いますが、生来のんびりしている私の性格によるのか、親が願うより子どもの変化はまぁ早く、「もう立ったの⁉」「もう歩くの⁉」「もうしゃべるの⁉」と驚くことばかり。

子どもの軽やかで伸びやかな変化は、親の心を強力に惹きつけるものでした。「あなたはどんな大人になるのかしら」「どんな仕事をするのかしら」「どんな生活をするのかしら」。そんな想像をしては、子どもの人生が幸せなものであることを願わずにはおれません。幸せという言葉に得体のしれない難しさを感じていた私も、子どもについては真剣に、堂々と、幸せを願うに至っています。

子どものためにできること

私に限らず、きっと多くの大人が、子どもの幸せのために何でもしようと思っていることでしょう。できることなら、幸せにつながるどんな要素もかき集めておいて、子どもの将来の節目節目に「幸せ詰め合わせパック」の発送を予約しておきたいくらいです。問題になるのは、そんなタイムマシン予約サービスがないということより、何が子ども本人の幸せかを予測するのが難しい、ということです。親が今思いつく幸せは、将来の子ども自身にとっての幸せであるかどうか、現時点では全く分かりません。

それならばせめて、子どもの人生につらいことや大変なことが起こらないように、親が困難を防いだり逃げ道を示したりすることはできないものでしょうか。ところがどうして「困難」もまた、予測が難しいものです。子どもに大変なことやつらいことが何も起きない人生を用意することはやっぱりできません。けれども、「何かあっても何とかなる」という心持ちを育てるサポートならば、私たち親に、大人に、できることがあるのではないかと思うのです。

メンタライジング――心で心を思うこと

私は「心は生まれてからどう育っていくのか」ということに関心があります。親になるという経験を通して、子どもの心は日々関わっている人との「関係の中」で育つのだということを示すたくさんの研究が、より一層の重みを持つようになりました。

近年、心理学の領域では「心で心を思うこと」を意味するメンタライジングという言葉がよく取り上げられます。筆者の仮説、そして興味は「大人のメンタライジングが、子どものメンタライジングを育むのではないか」と表現できます。子どもが自分の心で、自分の心や相手の心について思うことは、最初からできることではありません。子どもはあっという間に大きくなるけれど、一人で全自動式に大人に変身していくのではないのです。その育ちの過程には、その子どもの心を思ってくれた大人の存在があると思うのです。「何かがあっても何とかなる」という心持ちも、子どもが誰かと共に出来事を経験し、心の動きを支えてもらって何とかなったという体感を経て、育まれていくのです。

子どもが体験を共にする、つまり関係を築く相手には多くの大人がいます。「子どもの幸せ」というゴールに直結する「黄金の道」は作れないかもしれませんが、「子どもと関係を築くために」「その関係をよりよいものにするために」というゴールを目標とするならば、心理学の研究に基づいて、私たち大人ができること、知っておいたほうがいいこと、何より大人にとっても子どもとの関係が楽しく感じられるようになることを、具体的に示すことができると考えました。

大人と子どもの関係を考える視点は多様にありますが、本書では、心理学の中で人間関係を扱う主要な理論の一つである、アタッチメント理論に注目したいと思います。そして、アタッチメント関係の中で、大人が子どもの心を思うことや、子どもが心を扱えるようになっていく姿を描いていきます。

アタッチメントは母子のもの!?

日本語では「愛着」と訳されるアタッチメントは、とても大きなテーマで、これまでにも多くの書物で取り上げられてきました。読者の中にも知っているという方が多くいらっしゃるでしょう。私自身は、基礎研究の分野でアタッチメントに関する知見に触れてきましたが、もともと心理臨床の領域で興り、発展してきた理論ですから、自分の子育てにおいても、それらの知識がとても大きな支えになりました。ですから、アタッチメントは子どもの育ちを考える際に知っておく価値のある大切なことだと考えています。けれども、子どもの育ちを支える様々な現場において、アタッチメントは今、複雑な立ち位置にあるかもしれません。

というのも、アタッチメントに関連して、あるいは関連させるようにして、筆者には疑問や不安が胸の中に広がる表現に出会うことが時折あるからです。「母子のアタッチメントは何よりも大切だ」「母子関係さえうまくいけば子どもの育ちは万事うまくいく」、あるいは「子どもが問題を抱えることになるのは、親との、特に母親との関係が問題だから」といったものです。このようなメッセージは、親、ことさら母親に重い責任を感じさせ、不安や恐怖感を抱かせ、苦しめる可能性があります。少なくとも、私自身はとても重苦しく感じます。

親子支援に長く関わってこられた先生が「母親が頑張らないと大変なことになりますよ、なんていう愛着の話に、親の側も、親子を支援しようと奮闘している側も、ほとほと疲れきっている」と話しておられたのが、印象に残っています。

筆者は、このような、親、特に母親を追い詰めるようなメッセージには大きな疑問を感じます。アタッチメントの研究はどんどん動いていて、進んでいて、広がっています。それらを眺めると、親を不安にさせ、そして子どもを苦しめてしまうようなメッセージをそのまま受け取ることはできません。何よりアタッチメントの根幹のテーマは「安心感」なのです。それが、親や子どもの不安を煽ることになりかねないのは、この領域で研究をしている者としては悲しくなります。

まず、アタッチメントは、親子、まして母子に限定されるものでは決してありません。確かに研究が始まった頃、その研究対象は母親でした。しかし、それは当時の研究環境においてそうなっていただけであり、アタッチメントが母親限定に築かれるということを意味しません。子どもには、いろんな人が関わっています。特に今日、子どもの育ちは、親、あるいは家庭だけでなく、幼児教育・保育、学校、地域や社会でみんなが関わっていくものへと変わってきています。アタッチメントの研究対象も実際に広がっていて、子どもはいろいろな大人との間にアタッチメント関係を持つことが示されています。

もう一つ、これまでに蓄積された研究知見に照らして、アタッチメントは子どものまわりにあるたくさんの事柄や育ちの中の一つであり、万能とも根源とも言えないと考えます。少し乱暴な例ですが、あなたの現在地からある美術館までの経路を地図アプリで検索すると、推奨ルートが提示されるでしょう。その道を進めば美術館にたどり着きますから、「この道は美術館につながる」という理解は正しいでしょう。でも、現実において、美術館につながる道は何通りとあるはずですし、どこから美術館に向かうかという起点はいくらでもあり、それらの起点から美術館への道を数えれば、何万通りとあるでしょう。美術館を子どもの姿とすると、そこにつながる道も無数にあって、アタッチメントはその中の一つなのです。

そして、アタッチメントは、子どもの育ちや姿を隅から隅まで説明したり、変えてしまったりするようなものでは、全くないと考えます。本書でも、アタッチメントが子どもの姿や育ちと関連する部分を取り上げますが、それは「部分がある」ということであり、子どもの育ちの全体に、なんでもかんでも関連するわけではありません。

アタッチメントが提唱され、世界中で研究が展開されるようになって、70年以上が過ぎました。近年では、アタッチメントが本当に重要な意味を持ちえるのは育ちのどの部分なのか、あるいは、どのような環境においてなのかを明確にしようとする、いわゆる境界設定という課題が注目されています。

本書の視点

こうした前提のもと、子どもたちが「もし何かがあっても何とかなる」という心持ちでいられるように、そして、何かがあったときには自分の心や相手の心を信頼して一緒にやっていけるようになるために、大人にはどんなサポートができるかを考えるという目的で、本書ではアタッチメント理論や研究を紹介します。

また、本書はこうした意識から、手にとって読んでくださる方を親に限定せず、子どもにつながりうる幅広い大人と想定しています。私自身の経験を示す際、それは母親としての体験談となりますが、子どもにつながり、子どもの育ちを支えているのは、決して親だけではないし、親だけがするべきというのも全く違うと考えています。本書では「大人」という表現を多く用いますが、それぞれの形で、ご自分を「大人」に含めて読んでくださると幸いです。また、ご自身を「子ども」にあてはめて、ご自分のこれまでの育ちの道のりに関わってきた多くの大人たちとの関係を考える契機にしていただくこともできるかと思います。

人は成長の過程でいろんなちからを備えます。乳幼児期の身体の発達などは、目覚ましいものがあります。どうして立つように、しゃべるようになるのか、驚きと不思議に満ちています。大人が赤ちゃんを「立てるよう」「しゃべるよう」にしたわけではありません。

心の発達も、同じようなものです。人間は、みんなで協力したり、だましたりだまされたりしながら、長い年月を生き残ってきました。その過程で社会脳と呼ばれるものが極めて高度に発達し、私たちは、人間関係、あるいはそれが多様に絡み合う大きな社会をつくり、複雑な情報を処理できるようになりました。

この本で中心的に取り上げる「心で心を思うこと」＝メンタライジングは、社会的認知能力として考えられるものです。そして、大人ができることは、子どもに社会的認知能力を授けることではなく、子どもが人間として備えたちからを十分に発揮できるよう、せいぜい支えることなのです。大人が、子どもの心をゼロから創出するのではありません。心の発達と心の創出はものすごく大きな違いです。

大人が子どもを「育てる」と言っても、ゼロから一を生み出すほどのことはできないし、育ちを「支える」と言っても、子どもに絶対的で不可逆的な影響を及ぼすほどのちからはないのです。それができると思うのは、命に対して不遜ではなかろうかと感じます。だから、大人はせいぜい支えることしかできないのだけれども、そのせいぜいのことが、なんとも奥深いのです。そして、そのせいぜいのことを大人たちが工夫して、大人たちも手を取り合って、子どもと一緒にあれこれやってみるのは、やりがいのある、楽しいことだと思うのです。

関係はいつでも、ここから

本書の中心テーマとなるメンタライジングの発達は、その他のあらゆる側面の発達と同様に、一生涯続きます。アタッチメントもまた、「ゆりかごから墓場まで」と言われるように、一生にわたって機能します。こうした生涯発達を大前提として、本書では一生続くその発達の、特に最初の方に焦点をあてます。

それは一つに、私自身の研究関心が乳児期、幼児期にあるためです。この時期の子どものの心と大人の心の様子はまだ対称ではないところに特徴があります。いろいろなことができる大人と、これからできるようになっていく子どもは非対称なのですが、やりとり自体は生まれてすぐに始まっていて、この非対称なやりとりの仕方や特徴が興味深いのです。

二つ目に、筆者は親としても経験が浅く、体験談としてはこの時期の子どもに向き合う経験しか書くことができません。そのため本書の内容は、もっと大きな子ども、児童期、青年期、成人期の人間について理解するには不十分なものです。ただ、誰しもみんな、赤ちゃんから人生が始まります。ですから、乳児期や幼児期という人生早期の姿について知ること、考えることは、誰にとっても、今の姿に連続するものとして大切ではないかと考えています。

それから、お伝えしておきたい大切なことがもう一つ。アタッチメントの研究で繰り返し強調されているのが「関係はいつでも、ここから」ということです。もしあなたが関わっておられる子どもが、乳幼児よりも少し大きかったり、うんと大きかったりしても、本書を通してあなたが大人として子どもに対してやってみようとか、こんな視点で見てみようと感じることが一つでもあれば、ぜひ、今、ここから、試していただきたいと思います。

「人間関係」とは、今、あなたが子どもとの間に作っているものであり、子どもにとっては今、ここであなたとの間に感じられるものが大事なのです。私には、長年アタッチメントを研究してこられた先生の「遅すぎるなんてことはない。だって、あなたがいて、子どもがいるのだから」という言葉が忘れられません。

本書の第1章では、大人と子どもの関係を考える視点として、アタッチメントとその理論を紹介します。続く第2章では、アタッチメント関係において子どもが大人に向けている思いと、その子どもの思いに対する大人の受け止め方や応え方について考えます。

第3章では、大人の心で子どもの心を思う、メンタライジングの様子をみていきます。第4章では、特に幼い赤ちゃんの気持ちに着目した筆者の研究を紹介します。

アタッチメントは全ての子どもが持っていますが、その上で、アタッチメントには質やタイプがあることに第5章で触れます。また、父親や園の先生とのアタッチメントも取り上げます。第6章では、アタッチメントを基盤として、子どもの中に自分や相手の心との向き合い方、付き合い方が育まれていく様子、子どものメンタライジングの育ちについて見ていきます。終章では、子どもを育てる大人の心を大切にすることを考えます。

それぞれの章では、研究知見に基づいて論を進めつつ、筆者自身の体験や、子どもが教えてくれたこと、我が家のエピソードもお示ししたいと思います。

第1章

幸せな子どもはくっついて育つ

アタッチメント理論の概要

1．育つ子ども、支える大人

筆者が子どもの心理社会的な姿の育ちに興味を持ってから今まで、一貫して思うのは、人間の発達のなんと凄まじいことか、ということです。

学術書や研究活動を通して、発達については多少知っていたつもりでしたが、実際に自分の子どもが生まれ、間近で観察することによって、人間の発達の凄まじさ、不思議さを、これでもかと体験することになりました。

子どもはどうして飲むのか、食べるのか、立つのか。どうして指をさし、名前を覚え、言葉を使い、人と物を認識するのか。何一つ仕組みは分かりませんが、とにかく子どもはそうするようになりました。何より不思議だったのは、なぜに子どもは、笑い、怒り、寂しがり、泣き、母親を慰めようとして私の頭をなで、父親に分け与えようとしてかき氷がのった小さなスプーンを差し出すのかということです。

なぜ感情を持つのか、というのは、すでに感情を持っている者にとって問うのが難しい問題でしょう。「我思う、ゆえに我あり」、でも、我はそもそもなぜに「思う」に至りえたのか、不思議です。心理学を学び始めた時、心理学は「心の理を科学する学問」であり、「人間が持つ（実際にはたくさんの動物たちも持っていますけれども）心についての様々な法則性や癖を明らかにしていく学問」だと教わりました。ただ、私たちが「なぜ」心なるものを持つに至ったのかは、まだ分からないことだということも学びました。

一方、心理学が得意とする研究分野は、いろいろな手法を工夫して、例えば言葉を話さない赤ちゃんを丁寧に調べることで、人間の誕生後の成長の過程でどんなふうに心が動きだし、どんなふうに心を使うようになるのかを調べることです。そうした心理学的視点で筆者が考える、これから作っていきたい社会は、子どもが存分に心を動かし、心を使える環境です。

私は、子どもが自動「育ちモード」運転で活動している、というイメージが頭から離れないくらい、発達が目まぐるしくノンストップで進むことを体感していますが、一方で、その「育ちモード」が続くには、強力かつ持続的に周囲の人間による関わりが必要だということも実感しています。そして、このことを自らの子育て体験としてではなく、心理学の知見として、子どもの育ちに関わる方々に伝えたい、あるいは、知見を伝えることで、子どもと関わろうとする人が増えてほしいと考えるようになりました。

子どもとつながるあなた

2023年、日本政府は「異次元の少子化対策」を掲げ、子育てに関する様々な政策を打ち出しました。2022年に日本で生まれた子どもの数が77万747人、合計特殊出生率が1・26。これは統計を開始した1899年以降過去最低であり、少子化対策はまさに、待ったなしの瀬戸際です[1]。

しかし、政府の様々な少子化対策においては、「子育てを支える」と、「子どもの育ちを支える」を、並列で扱うことが多いようです。「子育て」は子どもの育ちを直接、間接に支える中心的営みであり、子育て支援は喫緊の課題です。しかしながら、この本では「子育てを支える」ではなく、「子どもの育ちを支える」方にこだわります。「子どもを育てている誰かを支える」のではなく、私が、あなたが、子どもの育ちを支えるということを、考えていきたいのです。

この本では、誰かがやっている子育てをサポートするのではなくて、自分が子どもの育ちを支えることの主体になることを重視します。今、現に子どもの育ちに関わっておられる方々には、すぐに目の前の子どもとの生活の中で、一つでも役立てていただける知見や視点をお届けできればと思います。そんなふうに直接に子どもとのつながりがないという方も、自分事として、子どもの育ちを支える主体になるということを、想像していただきたいと思います。

もし、あなたがこの本を電車やバスの中で読んでおられるのであれば、同じ空間にきっと、子どもの姿を見つけられるだろうと思います。子どもと公共交通機関を利用することは、親にとっては、少し緊張することでもあります。

例えば、ベビーカーでのおでかけです。特に混雑している車内では、つらい気持ちになったり、怖い思いをしたりしたことが、筆者にもやはりあります。けれども、ベビーカーと、乳児の存在を受け入れてくださる方がたくさんいることも、実際に経験しました。ベビーカーを持ち上げるのを助ける、子どもに微笑みかけるといった、積極的なアクションをもらったときは、本当に心が軽くなります。その日だけでなく、後日に思い出したときまで元気が出るほどです。けれども、そうした積極的な関わりではなくても、電車の中で、子どもと子どもにまつわる荷物や音や動きを、そのまま受け入れてくれた方たちも、私たち親子にとって安心できる「社会」でした。

子どもは、一人では生きられないからこそ、育つために、生きるために、人とつながるちから、つながろうとする強いちからを持っています。ベビーカーで電車に乗ったあの日、車両にいた人々が私たち親子にとって「社会」であったように、子どもがある日どこかで出会うかもしれないあなたは、子どもにとっての「社会」になります。子どもはあなたとつながることを通して、社会とつながることができるのだと知ります。あなたを信じられるという経験を通して、社会は信じられるものだと知ります。

ですから、今、子どもより少し先に生まれた私たち大人はみんな、子どもが安心して生きていける社会を作りうる当事者です。本書では、他でもないあなたが、子どもの育ちを支えるためにどんなことができるだろうかと考えます。そのために、心理学の知見や考え方を、できるだけ分かりやすく、具体的に示していきたいと思います。

具体的、というのは、子どもにとっても重要なキーワードになろうかと思います。子どもは目の前の「この人」とのつながりを通して、社会を知ります。相手から自分の存在が受け入れられている、自分の価値を感じられる、安心できる、安全だと感じる、何かがあっても大丈夫だと思える。そんなことは、抽象的に子どもに教えることはできません。子ども一人ひとりが、自分の心で、そんなふうに感じるかどうかにかかっています。子どもがそう感じられるように、大人は実際に、子どもとの間で具体的なやりとりをしていくしかありません。

本書では、子どもの目線に立って、子どもが感じることができる「この人」とのつながりについて、あるいはつながりたいと思っている子どもへの応え方について、考えていきます。そこで紹介したいのが、アタッチメント理論です。

2. アタッチメント理論の考え方

アタッチメント理論は、子どもにとっての、大人との関係の意味を教えてくれます。子どもに関わる人、直接間接につながりうるすべての人にアタッチメントを知っていただきたいと思うのは、それが子どもに、自分自身の価値を信じること、安心できるという感覚、人や社会は信頼できるという気持ちを育む基盤であるからです。そして、誰かとの間でそうした気持ちを経験できた子どもは、これから続く長い人生を「何かがあっても何とかなる」という心持ちで歩んでいけるようになると考えるからです。

アタッチメント理論は、イギリスの児童精神科医、ジョン・ボウルビィによって提唱されました。アタッチメント（Attachment）は、我が国では「愛着」と訳され、現在もこの表現が多く用いられています。

「愛着」と聞くと、密なる母子の関係を思い浮かべる方も多いのではないかと思います。親

ジョン・ボウルビィ（1907〜1990）
© National Portrait Gallery, London／
ユニフォトプレス

子の間の、本によっては「母子」の間の、特別で深く強い「絆」であると簡潔に説明されることも多いようです。ボウルビィの著書が日本に紹介されたとき、「母子関係」という表現が使用されたことも、象徴的です[2]。とはいえボウルビィの著書自体においても、母子が中心的に扱われることが多かったので、母子関係が想起されやすいのは日本に限ったことではありません。

確かに、子どもが母親との間に築く関係は、重要なアタッチメントの姿です。母子間に、深く強い絆を感じ取った実体験を持つ方もたくさんいるでしょうし、母と子の間の、他者には入りがたいような関係がまとう、あるいはまとわされている特別感は、大きいように感じられます。

しかしながら、本書の狙いは、「誰か（母親）がやっている子育てを支援する」のではなくて、「誰もが子どもの発達を支える当事者になること」です。ですから、あなたが子どもと関係を作ること、子どもがあなたとの間に築く絆について考えることに主眼を置きます。実際に母親であるかどうかは、重要ではありません。アタッチメントは母子関係に限定された理論でも研究でもないのです。

アタッチメントは母子関係に限らない

そのためにまず、愛着の「愛」ではなくて、「着」の方に注目します。愛着という字を読むと「愛」に目が行きがちかもしれないので、この本では「愛着」ではなく、アタッチメントと表します。無論、「愛」も大切ですけれども、ここでは「着」の方を考えたく思いますので、どうかひと時「愛」は忘れてください。

アタッチメントの直訳は、「つくこと」です。子どもは、落ち着かなかったり、心がソワソワしたり、寂しかったり怖かったりするときに、自分よりも大きくて強くて優しくて賢《かしこ》い人に、くっつきます。くっついて安心や安全を感じ、心の穏やかさを取り戻します。心穏やかになれば、持ち前の元気と明るさと勇気を心に取り戻して、子どもは再び遊びに出かけていくでしょう。怖いなぁ、嫌だなぁと感じたときに、あるいはこれから感じそうなときに、大人にくっつきたいと思い、くっつかせてもらい、安全だ、安心だという気持ちを取り戻して感じられること。これがアタッチメントの要です。

くっつく相手は必ずしもお母さん限定ではありません。お父さんだったり、おじいちゃんおばあちゃんだったり、保育園や幼稚園や学校の先生だったりもします。子どもは自分よりも強くて優しい、いろいろな相手との間にアタッチメント関係を築きます。子どもを育て、守り、心を注いで子どもの育ちに関わっている大人は、誰もが、子どもがアタッチメント欲求、くっつきたいという欲求を向ける対象になりえます。その対象の中に、お母さんが含まれることは現実的に多いでしょうが、それは「お母さんでなければならない」ということではありません。

本書では便宜上、子どもと関わる大人を「養育者」と表現したり、具体的な子どもの経験を説明するために、例として「親子関係」や「親」という表現を使用したりします。けれども、繰り返しになりますが、本書で想定している大人は、子どもの親や親戚、保育、幼児教育、学校の先生、職員の皆様、地域の子育てサークルや乳幼児クラブ、学童クラブに関わる方、習い事や塾の先生、スタッフの方々など、子どもにつながって育ちを支えている大人たちすべてです。さらに、今は直接のつながりはなくても、これから子どもにつながる可能性のある大人たちも含まれます。

よって、「養育者」や「親」という表現を例としている部分を、ご自身の立場に置き換え、子どもと関わる当事者の視点で読み進めていただければと思います。

ゆりかごから墓場まで

アタッチメントについてもう一つ重要なのは、大人にもある、ということです。アタッチメント理論を構想したボウルビィは、それが決して幼い子どものものだけではなく「ゆりかごから墓場まで」、つまり、一生にわたって私たち人間の毎日に、大切な働きをもっているということを示しています。

この本を手に取ってくださった大人のあなたにも、落ち着かなかったり、寂しかったり、怖かったりするときはあるでしょう。そんなときは大人も、強くて優しくて守ってくれる、あなたにとって大切な相手にくっつきます。手をつないだり、抱きしめてもらったりすることで、安心を感じるでしょう。物理的、身体的に相手にくっつくことは、大人になっても安心を感じられる強力な方法です。

けれども、大人は、物理的に相手にくっつくことができないとき、イメージのレベル（これを表象的レベルと呼びます）で、すなわち頭の中で想像したり心に思い浮かべたりして、その人とのつながりを感じることができます。そのため、大人になるにつれ、くっつき方が変わります。抱っこが電話に、おんぶがメールになるのです。大人のあなたも、そうやって「心の中でくっつく」ことで、穏やかさを取り戻しているはずです。大人のあなたも、子どもじみているとか、精神的に自立していないといったことでは全くありません。むしろとても自然で、当然で、健康的なことです。

現在、アタッチメント理論は、子どもと大人の関係の研究や臨床的実践の分野のみならず、人の生涯にわたる健康、パーソナリティ発達を理解する枠組みとして幅広い年齢を対象に検討されています。大人の心身の健康や社会的適応、生活との関連が精力的に研究されているのです。この理論が「ゆりかごから墓場まで」私たちに関係していると、多くの研究知見が物語っています。

くっつくこと、離れること

「くっつくこと」は、甘えや弱さではなくて、むしろ反対の、自律した心の成長を支えるものなのです。私たちは、いつでもくっつけるという確信があるとき、離れることができます。

反対に、もうくっつけないかもしれないと思うと、離れがたくなります。逆説的に聞こえるかもしれませんが、くっつくことを考えることは、離れることを考えることになります。

これはアタッチメント理論の中核であり、面白さだと思います。人と人との信頼に満ちた情緒的関係は、まずはくっつくことを思い浮かべさせます。ただそれは同時に、いつでもくっつける関係が自分にはあるという心の安心の感覚、安全の感覚が、しばしその関係から離れることを可能にするのであり、自律的に活動する人間の成長を支えるものになるのです。

本書では、人生の始まりの時期のお話が中心です。けれども、子どもたちは皆、やがて大人になります。皆さんにイメージしていただきたいのは、子どもたちが、信頼できる人との関係の中に安心、安全を感じることによって、自分の足で自分の道を歩む姿です。誰かに手を引っ張ってもらったり、背中を押されたりしながら歩かされる姿ではありません。

手を引いてくれたり、背中を押してくれる人の存在は、とてもありがたいものです。本人のちからでどうにもならないとき、そうやって無理やりにでも歩かせることも、結果的には意味があるということだって、もちろんあるでしょう。しかしながら、アタッチメント理論では、そんなふうに他律的に歩く人間の姿ではなく、自律的に自分の足で歩く人間の姿を考えます。

自律的に歩くということは、一人で歩くということではありません。誰かとつながっているから、必要なときにその人とのつながりをいつでも感じることができるから、私たちは一人で歩くことができます。そうして歩きながら、新しい出会いを得て、新しいつながりをつくっていくのだと思います。この本を読んでいるあなたもきっと、かつてそうして支えられて、一人で歩くことができるようになったことでしょう。そして、一人で歩くのがつらいときは、誰かと手をつなぐことで、もう一歩が踏み出せるという感覚を経験してこられたと思います。

大人の胸に抱かれていた赤ちゃんが、手をつながれて歩いた子どもが、今に一人で歩き始めます。大人は、子どもが自分で、力強く世界を歩んでいくことを願っています。願うだけではちょっと足りないから、私たち大人が具体的にできることを、考えていきます。

3. 安心感の輪

ここからは、大人と子どもの関係に注目しながら、実際にアタッチメント理論の内容を見ていきます。「理論」と言われると、ちょっと尻込みしますよね。しかも、アタッチメントは「絆」と説明される抽象的なものですから、いよいよ雲をつかむようなことになるのでは、と心配されるかもしれません。

けれども、ご安心ください。本章では、アタッチメント理論の概要と視点を「安心感の輪」というイメージ図に基づき、示していきます。安心感の輪（Circle of Security）」は、グレン・クーパー、ケント・ホフマン、バート・パウエルという3人の心理臨床実践家により考案されたものです。本章の**図1-1**、**図1-2**、**図1-3**は、「安心感の輪」の考え方と、それに基づく子どもの関係支援について情報発信を行っているCircle of Security Internationalより許可を経て掲載するものです。

まず、**図1-1**（45頁）を見ていきましょう（本の大きさの関係で図が横になっていますから、ぜひ本を横にして見てください）。図の左側に、大きな右手と左手がありますね。この手を、大人の手、あなたの手だと想像してください。手から伸びている曲線をたどった先には、子どもの活動や出来事、経験があります。ここでは、子どもが興味を向けている樹木、木にぶら下がって遊んでいる様子が描かれています。この安心感の輪という図の中に、主人公である子どもの心と体の動きを重ねて、詳しく見ていきましょう。

① 輪の上半分と下半分

まず、輪の上半分を見てください。子どもは、いつでも楽しみや遊びを見つけるのが上手ですよね。公園などに出かけると、子どもは「さぁ、何をして遊ぼうか」「どれから始めようか」と、目をキラキラさせて公園を見回します。今日は、一本の程よい大きさの、程よい枝が伸びている樹木が、子どもの目に魅力的に映りました。子どもは、その木に向かって、元気に走り出しました。「あの枝にジャンプしたら届くかな?」「手が届いたら鉄棒みたいにぶら下がれるかな?」わくわくしながら遊びに向かっていくとき、子どもは輪の上半分を、大人の手、あなたの傍らから、木がある方へと、自分の足で出かけていきます。幼児期後半ともなると、こんなときの子どもの駆け足の速さはなかなかのものです。こうした輪の上半分の子どもの動き、気持ちの状態を以下では「外に向かう」と表現します。

さて、子どもは木の枝に向けてジャンプしたり、届いたときには嬉しそうに枝にぶら下がってみたり、夢中で遊びます。そうやって遊んでいると……、あ! 着地失敗。ドスンと尻もちをついてしまいました。

ここからは輪の下半分、「養育者に戻ってくる」子どもの気持ちと動きを見ていきます。尻もちをついた子どもは、痛かったり悔しかったりで、先ほどまでの元気がしぼんでしまっ

図1-1　安心感の輪

Circle of Security®

子どもの欲求に目を向けよう

こういうことをしてほしいな
いろんなことをするから見ていてね
見守っていてね
大好きって見てて
手伝ってね
一緒に楽しんでね
安心の基地
安全な避難所
守ってね
慰めてね
大好きって受けとめて
気持ちを落ち着かせてね
こういうことをしてほしいな
いま行くからおいでよって
待っていてね
いつでも：子どもより大きく、子どもより強く、子どもより賢く、そして、優しい存在でいよう
できるときは：子どもの欲求に応えよう
必要なときは：毅然と対応しよう

たようです。こんなとき、家族で公園にやってきた子どもならば、「おとうさーん！」とか「おかあさーん！」とか言いながら、見守っていた親の近くに戻ってくるでしょう。涙目になっている子どもは、先ほどまで果敢に挑んでいた樹木の方向からくるりと体の向きを変えて、図の左側、大人が手を差し出している方向へと近寄ってきます。

子どもは大人に慰めてもらったり抱きしめてもらったりします。そして、だんだんと涙が止まり、呼吸が落ち着いてきます。大人にくっついて、顔をうずめて丸くなっている子どもも、しばらくすると、安心を取り戻し、元気が出てきます。するともぞもぞと動き出し、顔を上げて、また公園をきょろきょろと見回し始めるでしょう。今度は滑り台が気になるようです。輪の下半分にいた子どもは、しっかり安心することで、輪の上半分へと動き出す気流に乗りました。そして、元気いっぱいに、今度は滑り台へと駆け出していきます。

② 輪の上半分：子どもの気持ちと大人の役割

さて、このように子どもは、輪の上半分から、何かの拍子に下半分へと移動し、そしてまた輪の上半分へと戻っていきながら、安心感の輪をくるくると回っています。子どもの日常の姿を思い出していただくと、こういうときは輪の上半分かな、こういうときは輪の下半分かな、と具体的な場面を思い浮かべていただけるのではないかと思います。

さて、この「安心感の輪」の図について、子どもの体の動きや表情とともに目を向けておきたいのが、吹き出しで書かれた子どもの気持ちです。

輪の上半分において、子どもは「木で遊びたい！」「滑り台をやってみたい！」というように、遊びや活動へ向けた好奇心、興味で胸を膨らませています。子どもの気持ちは、木にも向かっているのですが、同時に、大人にも「こういうことをしてほしいな」という気持ちが向いています。図には「いろんなことをするから見ていてね」という子どもの気持ちが示されています。子どもは、「見てて！　見てて！」と何度でも言いますね。「見守っていてね」「大好きって見てて」と、大人に対する子どもの気持ちが表現されています。さらに、自分の様子を見てもらいながら、大人に手伝ってほしかったり、一緒に楽しく遊んでほしかったりする気持ちも描かれています。

このような子どもが大人に向ける気持ちに応えるのが、両手で表されている大人です。輪の上半分における、子どもの「見ててね」「手伝ってね」という思いに応えるのは、図では上側に描かれている手です。この手の役割は「安心の基地」と呼ばれます。

子どもが、遊び、あるいは懸命に何かに取り組む姿を、その背中から「頑張れー」「ここで見ているよ」「応援しているよ」という気持ちで支えるのが、「安心の基地」の役割です。大人だって、新しい仕事やプロジェクト、あるいは趣味の発表会などでも、独りぼっちで孤軍奮闘しなくてはいけない状況よりも、仲間や家族が応援してくれる、様子を見ていてくれるときの方が、うんと心強いですよね。

子どもは、自分を温かく支えてくれている「安心の基地」からのエールを十分に感じることで、自分のちからを存分に発揮して、活動に自律的、自発的に打ち込みます。想定される活動には、実際には多種多様なものが含まれます。アタッチメント理論では、図の上半分、「外に向かう」ことを、世界への探索（探索活動）と表現します。子どもはいつでも、生まれたこの世界を、一つひとつ、一歩一歩、探索しています。新しい食べ物を食べる、初めての人に会う、場所に行くといったことや、遊びの中で経験する自然や友達とのふれあいも含まれます。少し年長になってくると、新しい知識や技術と出会う勉強や、自分で考えたり推論したりという、頭の中で行う冒険も含まれるでしょう。

③ 輪の下半分：子どもの気持ちと大人の役割

次に、輪の下半分においても、子どもが大人に向けて、「こんなことをしてほしいな」という気持ちを持っていることが示されています。例えば子どもが木の枝に向かってジャンプをしたけれど尻もちをついてしまったとき、子どもは涙を浮かべながら大人の方に近寄ってきます。そんなとき子どもは「おいでよって待っていてね」という気持ちを向けているわけです。子どもは、シクシク、メソメソしていたり、あるいは大泣きをしていたり、うまく自分で自分の気持ちを言葉で表現できないかもしれません。ただただ「お母さん」「お父さん」と繰り返しているかもしれません。子どもは言葉で気持ちの全てを表現できないけれど、その小さな胸の中に、「守ってね」「慰めてね」そして「大好きって受け止めてね」「気持ちを落ち着かせてね」という思いがあることを、この図は教えてくれています。

こうした子どもの気持ちを受け止めるのが、もう一方の大人の手です。こちらの手の機能は「安全な避難所」と呼ばれます。困ったこと、嫌なことがあったときに、子どもが駆け込むことができる避難所の役割を指します。

しっかりと避難して、安心・安全を取り戻すと、今度は遊びや活動への興味や意欲が高まってきます。すると、子どもは大人を安心の基地として利用しながら、輪の上半分を元気に駆けまわります。遊びの中でまた何か、困ったことや不安なことがあれば、輪の下半分、安全な避難所へと駆け戻ってくるでしょう。

このように、子どもは「安心の基地」と「安全な避難所」に支えられ、それらを頼りにし、利用できることで、輪をくるくると自由に回ることができます。そのようにして多くの事柄を経験し、心を動かしながら、日々、成長していくのだと考えられます。

心の「行ってらっしゃい」と「おかえりなさい」

「安心感の輪」を手掛かりに、アタッチメントという情緒的な絆の具体的なイメージを持っていただけたでしょうか。「安心の基地」と「安全な避難所」の機能を持つ大人は、子どもにとって「アタッチメント対象」と呼ばれる存在です。子どもがアタッチメント関係を築く相手、対象となる人を指す呼び方で、子どもにとって「この人がいれば大丈夫」とか、「何かあったらこの人のところに」と思えるような人のことを指します。子どもは、そのように心の中で思える人がいることで、自律的な探索活動ができ、もし、その探索活動の中で何かあったとしても、助けを得て安心することができます。

私は、「安心の基地」と「安全の避難所」の機能は、子どもにとっては心の「行ってらっしゃい」と「おかえりなさい」ということだとイメージしています。誰しも、家を出て仕事や学校に出かけるとき、家族から「行ってらっしゃい!」「頑張ってね」と送り出してもらえると、嬉しく元気に出かけることができますよね。そして一日の活動を終えて家に帰ってきたとき、「おかえりなさい」「どうだった？」「お疲れ様」と迎えてもらえたら、心からほっとしたり、安心したり、まさに自分の帰る場所に帰ってきたという感覚になります。

日々の生活における「行ってらっしゃい」と「おかえりなさい」は朝夕一度ずつだと思いますが、アタッチメント関係における心の「行ってらっしゃい」と「おかえりなさい」は、特に幼い子どもとの関係においては、短い周期で何度も何度も繰り返されます。

例えば公園で遊ぶ親子を観察していると、滑り台で遊んでいる、と思うと大人の元に戻ってきてしばらく抱っこされ、次は砂場に興味を持ってスコップで掘り始めると、砂が顔について再びべそをかきながら大人のところに戻ってきて、またしばらくすると今度は砂に水を流しはじめ……ということがあります。幼い子どもは小さな輪をくるくると、短い周期で上に行ったり下に行ったりしています。

心の「行ってらっしゃい」も「おかえりなさい」もその子どもの動きに合わせて何度も何度も繰り返すことになりますが、大人に何度でもそう言ってもらえることで、子どもは安心を得るのです。

4．ゆりかごから十代まで

赤ちゃんにも安心感の輪

もっと小さな赤ちゃんでも、この安心感の輪があります。**図1‐2**は「安心感の輪」の赤ちゃんバージョンです。**図1‐1**と同じように、図の左側に大人の手があり、赤ちゃんが「外に向かう」上半分と、「養育者に戻ってくる」下半分があります。

図1‐1と同じく、輪の上半分は、赤ちゃんの気持ちが「大丈夫」なときです。赤ちゃんはまだ、自分の足で安心の基地を出発して歩き出すことはできません。けれども赤ちゃんも、日々出会う人や、動物や、おもちゃや、食べ物や、場所に対して、興味関心を持って見たり、聞いたり、つかんだり、口に入れたりしながら探索をしています。気持ちが「大丈夫」であれば、その探索がより積極的になり、続きます。いろんなことをしている赤ちゃんは、大人に対して「一緒に見ていてね」という思いを持っています。だから、小さな赤ちゃんにも心の「行ってらっしゃい」を届け、「ここで一緒に見てるよ」「楽しいことをしているね」と気持ちを寄せることは、赤ちゃんにとって大きな支えになります。

次に、輪の下半分を見てみましょう。こちらは赤ちゃんの気持ちが「大丈夫ではない」と

図1-2　安心感の輪

Circle of Security®
子どもの欲求に目を向けよう

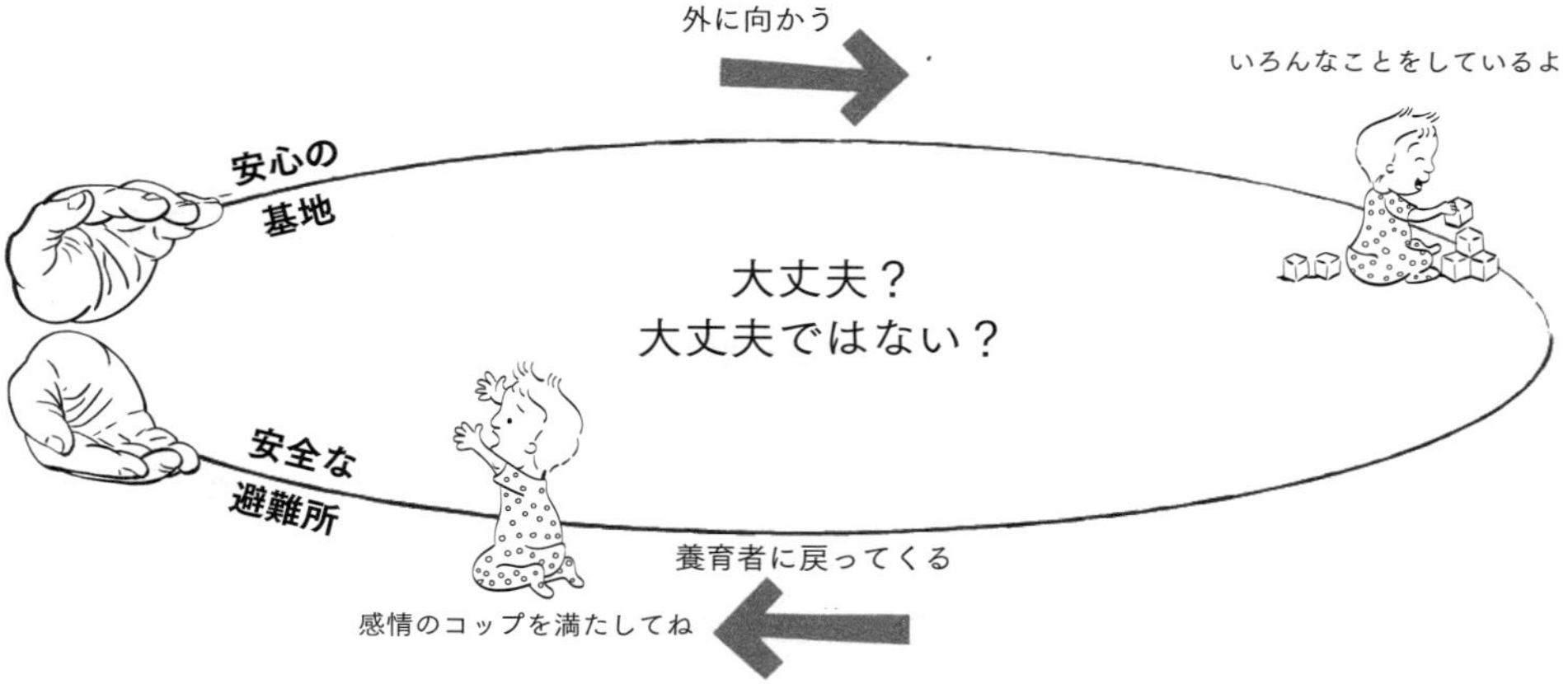

北川・安藤・久保・岩本 訳, 2021

きです。赤ちゃんは怖かったり困ったり不安になったりしたら、泣きます。赤ちゃんは、赤ちゃんだから泣くのではなくて、怖さや不安を感じて、守ってほしくて、慰めてほしくて泣くのです。赤ちゃんは「大丈夫よ」と自分を温かく迎え入れてくれる安全な避難所を必要としています。

赤ちゃんが輪の上半分にいるときも、下半分にいるときも、物理的には大人の腕に抱かれているかもしれません。ハイハイなどができるようになっても、そう遠くに行くことはないですし、小さな赤ちゃんの探索行動は持続時間が短いので、「行ってらっしゃい」とか「おかえりなさい」というほどの輪をイメージしにくいかもしれません。けれども、赤ちゃんの様子をしばらく観察してみると、大人に抱っこされながらも、赤ちゃんの関心や行動が外に向かっているときと、大人に向かっているときがあるということに、気づかれるのではないでしょうか。

十代にも安心感の輪

アタッチメント対象との関係は、幼少期のものだけではなく、いくつになっても大切なものであり続けます。例えば高校生、大学生になっても、大人とのアタッチメント関係はあり、

図1-3　安心感の輪

Circle of Security®
10代の子どもの欲求に目を向けよう

こういうことを
してほしいな
いろんなことをするから
見ていてね
こういうことを
してほしいな
見守っていてね
大好きって見てて
手伝ってね
一緒に楽しんでね
安心の
基地
安全な
避難所
こういうことを
してほしいな
守ってね
慰めてね
大好きって受けとめて
気持ちを落ち着かせてね
こういうことを
してほしいな
いま行くから
おいでよって
待っていてね

安心感の輪を考えることができます。

図1-3は「安心感の輪」の十代バージョンです。十代になった子どもの探索活動は、いよいよ幅広くなってきました。図の上半分には、勉強、スポーツ、芸術、音楽、いろいろな活動が含まれてきます。例えば、留学をするという子どもの姿を想像することもできます。安心感の輪は、いよいよ地球サイズに大きく広がってきました。

もしかして、留学に出かける子どもを玄関で「行ってらっしゃい」と見送り、その玄関で「おかえりなさい」と迎え入れる間、物理的には年単位で離れることもあるかもしれません。けれども、留学中の様子に大人が興味を持って応援してくれることは、子どもを大きく勇気づけます。留学途中で不安になったとき、子どもは大人に相談することで不安を和らげてもらったり、アドバイスをもらって助けてもらったりもするでしょう。

頼りにできるというイメージ

児童期以降のアタッチメント関係においては、アタッチメント対象が物理的に子どものそばにいることというよりも、必要なときに「いてくれる」「つながることができる」と子どもが思えることが大切になってきます。乳幼児期の子どもは、アタッチメント対象が物理的にそばにいて、抱っこされたり手をつないでもらったりすることで、安心感を得ます。幼い頃に実際にくっつく経験を重ねる中で、「自分が困ったときにはそばにいてくれるだろう」「自分が挑戦しようとしているときに応援してくれるだろう」というような、自分とその相手との関係のイメージが頭の中にできてくるようになります。イメージは表象と呼ばれます。ボウルビィはアタッチメント関係の中で出来上がってくる、相手のイメージ、自分のイメージ、自分と相手との関係のイメージのことを内的表象モデル（インターナル・ワーキング・モデル）と呼んでいます。

児童期以降になると、認知的発達も相まって、表象レベルでアタッチメント関係を感じることができるようになってきます。そして子どもは、大人から物理的、身体的に離れていても「大丈夫」である時間、機会が増えてきます。現実の生活においても、学校で先生やお友達と過ごす時間が長くなります。

小学校に入学して「上級生」と呼ばれるようになる児童期後期、続く中学生、高校生といった青年期は、特に新しい活動、場所、人との出会いが多く、様々なことに挑戦する機会が増えます。この時期は、大人が「安心の基地」として子どもの多様で果敢な探索活動をサポートする機会が増え、そのことがより重要になる時期だと考えられます。一方で「安全な避難所」の機会は、幼い時期よりも減ってきます。とはいえ、いろいろなことに挑戦する機会が多い子どもには、緊張や不安、うまくいかない経験がつきものでしょう。そんなときにはやはり、大人の「安全な避難所」の機能を求めています。

5．アタッチメント関係の発達

子どもの成長に伴って、アタッチメント対象である大人との関係は、互いがだんだんと、対称的になっていくという変化があります。

子どもがより幼いときは、大人との関係は非対称的です。大人が物理的にも心理的にも、子どもを支えたり、助けたり、慰めたり、課題や問題を解決することに主導的に関わります。そうして大人に支えてもらいながら、子どもは少しずつ成長します。

例えば、幼稚園や保育所からのお手紙には、「おうちの方が準備してください」という表現が多いのですが、小学生になったとたん、「おうちの方と一緒にやりましょう」という表現が増えます。身体的、認知的、心理的発達が進んだ小学生は、もう一方的に「やってもらう」立場ではありません。大人と一緒に取り組むことが求められているわけですね。

アタッチメント関係においても、同じようなことが考えられます。特に「安心感の輪」の下半分は、子どもの心理的状態に揺れが生じて、不安や恐れ、ストレスを感じ、否定的な感情状態になっているときです。その気持ちをアタッチメント対象と一緒になって整えていくわけですが、幼いときは自分で自分の気持ちを整えることはまだ難しいので、大人に助けてもらう部分が大きくなります。

このとき、大人が一方的に「やってあげる」のではなくて、コミュニケーションをとりながら、子どもと一緒にやっていくことで、子どもが自分の気持ちのありように主体として関わることができるようになります。最初は大人に支えてもらうことが大事ですが、やがて、子どもは「自分はこうしたい、こうしてほしい」というように、大人との間で交渉をするようにもなります。つまり、やりとりとして、より対等な相手へと育っていきます。

そして、青年期後半から成人になると、自分が支えられる立場としてのアタッチメント関係だけでなく、自分も誰かの支えになる、という形で互恵的なアタッチメント関係を持つようになってきます。自分より年上の大人との間のアタッチメント関係も続きますが、同時に、より自分に年齢の近い友達やパートナー、配偶者との間に、互いに安心を与え合うようなアタッチメント関係を持つようになるのです。

来るもの拒まず、去るもの追わず？

ここまで、「安心感の輪」の図に基づいてアタッチメント関係を考えてきました。子どもの気持ちに対する「安心の基地」、「安全な避難所」という2つの機能を持つ大人がいることで、子どもが自律的に、自由に、こうした「輪」の動きができるようになります。

大人が無理やりに子どもの手を引いて安全の基地から引っ張り出したり、まだ子どもが体験をしている最中に子どもの足を引っ張って避難所に呼び込んだり、ということは、子どもが自律的に輪をまわるという姿からは、離れてしまいますね。

また、「安心感の輪」は、子どもの心の様子を思うためのイメージ図です。物理的、具体的な行動や活動の仕方は様々にあると思います。赤ちゃんの「安心感の輪」について考えたように、子どもを抱っこしていても、手をつないでいても、子どもの気持ちが輪の上半分にいることだってあります。

子どもが保護を求めているときは、大人はいつでも両手を広げて「おいでよ」って受けとめる。子どもが大人を「安全な避難所」として心のエネルギー補充ができたなら、子どもはむずむず動き出して、輪の上半分へと姿勢を向ける。そうしたら今度は、大人は子どもが外に向かうのを「行ってらっしゃい」と送り出す。「来るもの拒まず、去るもの追わず」ではないですが、子どもの気持ちの動きに大人が寄り添うことで、子どもは元気に輪を回ることができるのだと考えられます。

とはいえ、この「境地」に達するにはなかなかどうして、難しいこともありそうですね。次章以降ではもう少し詳しく、具体的に、大人と子どもの関わりを見ていきます。

センシング技術と子どもの気持ち

少し話がそれますが、ここで少し、子どもに関する研究の最新技術についてお話しします。現代では、子どもの心の様子を知るための様々な技術が開発されています。子どもの脳機能の測定も可能になっていますから、心なんて言わずに、脳のどの部分がどんな機能をつかさどっていて、どんなときにどこが働いている、ということも直接に検討できるようになっています。脳だけではなく、眼球運動、筋運動、生理指標などに着目し、身体的・生理的な情報を計測・数値化するセンシング技術も活用されています。

興味深い研究知見の一つに、サーモグラフィを使用したものがあります。コロナ禍ですっかり一般的になった、身体の表面温度を測る装置を使って、幼児の顔の表面温度を測定しました。すると、例えば、おもちゃを壊してしまって「あ、やっちゃった。しまった」というような罪悪感を覚える場面で、幼児の鼻の部分の温度が下がったのです[3]。

幼児はまだ自分では「悪いことしちゃったなぁ」と、言葉で上手に説明できないかもしれません。でも、サーモグラフィの技術によって、子どもの心のうちが「見える」ようになると、私たち大人は、子どもが幼くても、ちゃんと感じているのだという知識を持つことができるようになります。ですから私はこうした、子どもの心の世界を教えてくれる研究知見に興味がありますし、それを知識として持っていることで、子どもの理解に大いに役立てることができるように思います。

大人の目で見る子どもの気持ち

センシング技術は大きく発展しつつあり、それを用いた子どもの研究も急速に広がっています。とはいえ、「この眼鏡型装置をかけてお子さんを見ると、お子さんが今『安心感の輪』のどこにいるのかが分かります。今は、上半分です。あなたの『安心の基地』の手を使いましょう」なんて、教えてくれる装置は開発されていません。

おそらく、アタッチメント研究者は、そういう装置の開発には消極的だろうと思います。

実は、先に挙げた子どもの罪悪感に関する研究について、サーモグラフィで分かる部分には限界があるといった批判もあります。温度や脳の血流は、子どもの気持ちを推測する手掛かりになります。しかし、子どもの気持ちを分かることは、ゴールではないと思います。私は、子どもは眺める対象ではなくて、関わる対象だと思うからです。

関わる上で相手を知ることは大切ですから、子どもについての知識を学ぶことはとても重要です。でも、関わる対象としての子どもについて考えると、子どもの気持ちが分かることは、ゴールではありません。「この子は悲しいんだな」と分かっても、それでおしまいではありませんよね。悲しみが癒えるように、笑顔が戻るように、その子どもに関わっていきますよね。

筆者はこの本を通して、関わる対象としての子どもにこだわります。そうすると、子どもが関わる相手である大人について考えることになります。その大人の、子どもを見る目を、豊かにすることに意味があると考えます。大人の目は、人間の目ですから、歪みや見落としや見間違えがあります。でも、それでいいのです。

アタッチメントの考え方でやっていきたいこと、目指したいことは、正確に子どもの心を言い当てることではありません。子どもと一緒にやりとりをしながら、ああかな、こうかなと関係をつくって、続けていくことだと思うのです。よしんば子どもの気持ちを言い当てたとしても、「当たり」でおしまいではなくて、その子どもの気持ちに対してあなた自身はどう思うか、あなたはその子どもの気持ちにどう関わっていくか、ということが、大事になってくるのです。

本章で考えた「安心感の輪」は、子どもの世界と気持ちについての見取り図です。次章からは、見取り図の中に実際にあなたの身を置いて、子どもの心を、そして子どもに関わる大人の心を考える段階へと進んでいきましょう。

1　内閣官房ホームページ「こども未来戦略方針～次元の異なる少子化対策の実現のための『こども未来戦略』の策定に向けて～」（令和5年6月13日）

2　Bowlby, J. (1969/1982). J．ボウルビィ（著）、黒田実郎・大羽蓁・岡田洋子・黒田聖一（訳）、（1991）、母子関係の理論1〔愛着行動〕、岩崎学術出版社．

3　Ioannou, S., Ebisch, S., Aureli, T. 他 ,(2013). The autonomic signature of guilt in children: a thermal infrared imaging study. PloS one, 8(11), e79440.

コラム 1

カンガルー、霞が関に出勤する

子どもが保育園に通っていた3歳のある時期、朝、家を出るときに子どもが片手に抱えていたのは、カンガルーのぬいぐるみでした。我が家の通園手段は電動自転車でしたので、前方のかごに園のリュックサックを載せ、子どもは膝にカンガルーを抱えて後ろの椅子に座り、いざ「しゅっぱーつ」。通園時間は、私にとって子どもとのちょっとした楽しいおしゃべりタイムです。朝、バタバタしながら何とか支度をして時間通りに玄関を出られたという安心感もあり、湖の水面下で水をかく水鳥よろしく、自転車をこぐ足の回転速度は自己最高レベルをキープしつつも、「今日は水遊び楽しみだね」とか、「給食は何かな」なんてお話をしながら園に行きます。園に着くと、子どもの膝の上のカンガルーは「行って

らっしゃーい」としっぽを振り（私が振るのですが）、子どもは「行ってきまーす」をして、クラスに入っていくという毎日でした。

仕事に向かう親たちの朝はとにかく慌ただしく、子どもをクラスへと送り出した後は、皆さん、それはそれは機敏にサササッと次の場所へと向かいます。けれどその、一切の無駄のない親たちの動きを少し観察すると、気づくのです。「あ、お宅もそうですね」と。

それは、子どもがおうちからお気に入りを連れてくるということ、そして、私物は園には持ち込めませんから、ぬいぐるみは日中、親のカバンにインですよね、ということです。登園時、実は結構、「ぬいぐるみと一緒に登園っ子」たちがいて、その親たちの間ではもう、言葉はいりません。カンガルーを、恐竜を、犬を、電車を、それぞれのバッグにシュッとしまい込み、互いにそっと頷きあったならば、さぁ、今日も仕事へと出発です。

子どもたちも、園にぬいぐるみやおもちゃを持ち込めないことは分かっています。それでも、おうちから園までの、おうちでもない、園でもないそのつなぎ目の居心地を整えるのに、自分のお気に入りのものが一緒にいてくれることが、子どもにとって必要なときがあるのだろうなぁと思います。おうちからおもちゃを持ってくることは、園の先生方にとっては紛失などのトラブル防止の面からも、あまり褒められたものではないでしょう。親としても「おうちに置いておきなさい」と言いたくなることもありますので、いつも持ち出せるわけではないですし、子どもも「毎日絶対」という訳でもないかもしれないですね。ただ時折、子どもにとっては、そのお気に入りをその朝、今少し抱えておくことで、登園中の、まだ園ではない時間と空間に自分のおうちの安心感が延長されたように感じるのかもしれません。日々行ったり来たりするおうちと園ではあるけれど、よく考えれば結構大きな環境の違いです。誰に教えられたわけでもなく、子どもたちが自分でそのつなぎ目をなだらかにして、行き来しやすくしているように思われて、なかなか、賢いなぁと感心してしまいます。

心理学では、子どもが肌身離さず持って、触れていることで安心を感じているぬいぐるみや毛布を「移行対象」と呼んでいます。「ピーナッツ」のアニメの中で、ライナスという男の子がいつも抱えている毛布のようなものですね。我が家の場合、カンガルーは、肌身離さずというほどではなく、移行対象とまではいかない感じでしたけれども、そのときの子どもの気持ちを助けてくれる大切な存在だったのだと思います。

別に、保育園に行きたくないとか、嫌なことがあったというわけでなくても、そんなふうにしたいときがあるのでしょうね。例えば、起きている時間と、寝てしまう時間の間のつなぎ目に、ベッドやお布団でぬいぐるみやお気に入りのおもちゃとゴロゴロする姿は、多くのお子さんに見られるのではないでしょうか。生活の中にあるいろいろなつなぎ目を、子どもたちはお気に入りを抱えながら滑らかに行き来しています。

当時、省庁勤めだった私は、満員電車で霞が関に通勤していました。我が家のカンガルーはといえば、立派なしっぽを含めると体長約50センチ。私のトートバッグからは茶色のフサフサが飛び出したまま、ぎゅうぎゅうの満員電車に揺られる朝でした。そしてカンガルーはロッカーで日中を過ごし、夕方、電車で帰路について園で子どもを迎えます。

もし皆さんのまわりの、通勤中のパパやママのバッグからなにやらフサフサが見えていたとしても、驚かずに温かく見守ってくださいね。フサフサたちは、朝に夕に、大切なお勤めを果たしているかもしれません。

第2章

大人が子どもにできること

安定したアタッチメントの背景

1.「今ここ」にいる子どもを見る

ボウルビィは、アタッチメント理論において、すべての人間が普遍的に持つアタッチメントの意味と重要性を説きました[1]。アタッチメント欲求、つまり安全や安心を希求することは、人だけでなく他の生物種に共通して、生まれながらに備わっているものだと考えられています。ただし、その安全や安心を求める行動の実際は、生まれながらにかっちりと決まりきっているわけではないという点が、筆者にとっては興味深い点です。

子どもが、誰に対して、どのように、どの程度、安心や安全を求める行動を向けていくのかは、子どもがこの世に生まれ落ちた後の「実際の経験」によります。このことは、私たちには子どものためにできることがある、と気づかせてくれます。

子どものアタッチメント行動の具体的な姿は、子どもが生まれたときから持っている特徴、生後すぐから発揮する学習能力と、子どものまわりにいる大人の特徴が組み合わさりながら形作られていくと考えられています。

ボウルビィは、ごく普通に行われる「養育」の中に、アタッチメント行動の形成を支える要素が埋め込まれていると考えました。ボウルビィが想定している「養育」は、子どものそばに大人がいる、子どもが泣いたらそちらを向くというような、日常的なお世話や関わりの集まりです。それが、子どもにとっては日々の意味のある経験、学びになって、アタッチメント関係が形成されていくと考えられています。

アタッチメントと精神分析学派

しかしながら、ボウルビィが自説を発表した際、子どもの実際の経験に基づいて考えるという視点は、彼を取り巻く当時の学派から厳しく冷たい反応を受けました。ボウルビィはもともと、精神分析家としての訓練を受けて、そのキャリアをスタートさせています。しかし、アタッチメントの視点は、当時の精神分析における考え方とは大いに違っていたのです。

ジグムント・フロイトが興した精神分析学派において、人々が抱える心理的困難を理解する（それはほかでもないその人自身の理解や、本人による自己理解の支えにもなるわけですが）ために、その人がどのようにして現在の姿に至ったのかを分かろうとする考察が深められてきました。精神分析学派においても、乳幼児期という人生早期の経験は重視されており、その人のパーソナリティや心理的特徴、あるいは心理的困難の背景となったり、原因になったりしうると考えられていました。

ただし、当時の精神分析学派において、乳幼児期、人生早期の体験がどのようなものであったかは、それを本人が思い出して、考えて、語るという回顧的記憶や、それへの分析家による解釈に基づいて検討されることが主でした。本人が思い出すことや思い出せないこと、語ろうとして混ざり込む間違いや思い違い、空想、あるいは夢など、フロイトが無意識と呼ぶ世界にまで広く目を向けながら、幼少期の体験とその意味を探っていくというアプローチが、大切にされてきたのです。

ボウルビィにおいても、人生早期の経験を重視することには共通の視点がありました。ボウルビィは、WHOからの要請で行った第二次世界大戦時における戦争孤児に関する調査などを通じて、早期に経験する人間関係が、その後の人生においても極めて重要であることを説いています。特に、人生の早期に養育者など、子どもにとっての大切な人との関係を喪失することは、子どもの心身の両面に、長期にわたって大きな影を落とすものになると論じています。乳幼児期の重要性については、精神分析学派の他の論者たちと通じていたわけです。

しかし、ボウルビィは自身のアタッチメント理論の構築と精緻化にあたり、子どもが実際に経験すること、人間関係の意味を強調しました。子どもの身のまわりに生じている客観的出来事を捉え、子どもを見て、観察可能な現実に基づき、子どもの心理的状態の理解や、発達に及ぶ影響を検討するという方法を選んだのです。

さらに、ボウルビィは自身の理論を支える研究知見や、科学的研究方法を、他の学問分野からも積極的に取り入れていきました。比較行動学の研究として、ハーロウにより実施された、アカゲザルの子どもと母親の実験結果を引用したことは有名です。これらの研究知見に基づきながら、人間の赤ちゃんも養育者への近接欲求、くっついていることの心地よさを求める欲求を同じように持つことを論じました。

リアルな子どもの体験と現実世界を捉えることに重きを置いたアタッチメント理論は、当時の精神分析学派の主流とは異なるアプローチを示したことで、批判も多くありました。しかし、現在では、人間のその人らしさが形作られていく過程を理解するための重要な理論として、広く知られるものとなり、心理臨床分野だけでなく基礎研究にも大きな影響を持っています。そして近年では精神分析学派との対話が活発になっています。

親子関係は十組十色

ボウルビィは、どの子どもも皆、アタッチメント欲求を有し、それを満たしてもらうべく大人との近接を求め、安心感、安全感を求めていると論じました。実際に、子どもと大人のやりとりを見ていると、子どもが転んだり、心細くなったり、犬が吠えてびっくりしたりと、いろいろなことがきっかけでアタッチメント欲求が活性化する様子を観察することができます。第1章で紹介した、安心感の輪（図1-1／45頁）の下半分の動きの部分です。また、大人が安心の基地としていてくれることを子どもが十分に感じているとき、輪の上半分にあたる探索欲求が活性化し、積極的、活発に探索行動が行われる様子が観察できます。

どの子どもも大人にアタッチメント欲求を向け、アタッチメント関係を形成しているのですが、どんなときにどんな具合で不安や不快、緊張を感じるか、あるいはそれらを感じるかもしれないという潜在的な危機を予想するかは、子どもによって違います。そして、すぐに強くアタッチメント対象との接触を求めようとする子どももいれば、あまり接触や近接を求めようとしない、少なくともそのようなそぶりを見せない子どももいます。そして、大人の側も、子どもがどんな様子のときに、どれくらい、どんな応答をするかが、それぞれに異なります。

エインズワースの功績

このような、それぞれの子どもと大人のペアによって、子どものアタッチメント欲求の表れ方、満たされ方、大人による応答の仕方に違いや特徴があるということを最初に指摘して研究をしたのが、メアリー・エインズワースという研究者です。ボウルビィによって人間に普遍的なアタッチメントの基本的理論が提唱された後、エインズワースらによって個々の具体的な関係における特徴、アタッチメントの個人差やタイプへと関心が広げられました。個人差への着目は極めて大きな契機となり、アタッチメント研究は、理論的にも実証的にも大きく展開していくことになります。

エインズワースの最大の功績は、アタッチメントに見られる個人差を指摘した点と、子どもが特定の大人に対してどのようなタイプのアタッチメントを形成しているかを知るための実験的観察法を考案したことにあります[2]。アタッチメントのタイプと測定方法については第5章で詳しくみていきます。ここでは、エインズワースが多くの観察を通して見出した、子どもに向き合うときの大人の姿勢に注目します。

2. 安定したアタッチメントを持つ子どもの養育者

エインズワースたちは、アタッチメントが安定している子どもは、日頃、養育者との間でどんなやりとりを経験しているかを観察しました。

さて、ここで「安定」という表現を使いました。アタッチメントの研究では、個人差として見られる特徴を「強い、弱い」とか「良い、悪い」ではなくて、「安定」(secure) しているかどうかという表現を用います。「安定した」アタッチメントを持つ子どもというのは、安心感の輪のモデルで考えると、大人を安心の基地としても、また、安全な避難所としても頼りにすることができ、それを支えにして自律的にスムーズに輪の動きをすることができる関係にある状態を指します。これに対して、安定していないアタッチメント関係は、「不安定な」(insecure) と表現されます。以降、本書でも「安定したアタッチメント」といった表現が頻出します。

エインズワースは、夫の赴任先であったウガンダやボルチモアで、安定したアタッチメント関係を持っている子どもが、養育者とどのようなやりとりをしているかを丁寧に観察しました。その結果、アタッチメント関係が安定している子どもの養育者が示す行動の根底には、以下の４つの共通点があると論じました[3]。

安定したアタッチメントを持つ子どもの養育者の特徴

①子どもが示すシグナルに対して敏感である（敏感性）
②子どもが今やっていることに協力的でいる
③子どもにとって心理的、物理的に利用可能である
④子どもの要求に対して受容的である（拒否的ではない）

この４つの特徴は、子どもが大人との間に安定したアタッチメント関係を築くのを支える上で、今でもなお、大切なことを教えてくれます。

なお、これらの特徴は、赤ちゃんとその養育者の観察に基づいて論じられたものなので、もっと大きい子どもと大人のやりとりに、そのまま当てはめることはできません。ですが、第１章で示したように、子どもは十代になっても、大人を支えとして安心感の輪を持っています。人生早期のやりとりの始まり、アタッチメント関係の形成の始まりの時期の特徴を知っておくことは、もっと大きな子どもと一緒に過ごしていく上でも、示唆深いものでしょう。

敏感性

さて、前頁に挙げた４つの特徴はどれも大切なのですが、中でも最も代表的であり、後の研究にも影響を持ち続けているのが①の「敏感性」（Sensitivity）です。この敏感性は、さらに以下の４つの過程を含むことが示されています。

敏感性の４つのプロセス

（1）赤ちゃんが発するシグナルに「気づく」
（2）赤ちゃんが発するシグナルを「正しく解釈する」
（3）赤ちゃんが求めていることに「適切に応える」
（4）赤ちゃんが求めていることに「すみやかに応える」

それぞれの特徴を、詳しくみていきましょう。

（1）シグナルに「気づく」

赤ちゃんはまだ話すことができませんので、何かを感じたとき、どうにかしてほしいとき、例えば泣くことでそのシグナル、信号を発します。おなかがすいた、オムツが濡れて気持ちが悪い、まぶしい、といった様々なことを、泣き声で教えてくれます。赤ちゃんといえば「泣く」というイメージも強いかもしれませんが、実際に赤ちゃんと生活してみると、赤ちゃんはそんなに泣いてばかりではありません。泣く以外にも、実に多様な表現をみせます。

乳児のことをinfant（インファント）といいますが、これはラテン語で「物言わぬ者」という意味に由来しているそうです。しかし物言わぬ赤ちゃんは、よく見ているととても雄弁です。無論、言葉で語るわけではないのですが、目をきょろきょろ動かして「こっちだ、そっちじゃない」という合図を送ってくることもありますし、好きなものをずっと見ることもあります。見たくないときは、瞼《まぶた》を閉じます。瞼って、なんて便利なのでしょうと感動するくらいです。手や足も実に雄弁です。これ、と思うものは絶対につかんで離しませんし、嫌なものは指先でも触れようとしません。

とにかく全身を使って赤ちゃんは、様々に表現し、発信しているわけです。そのように赤ちゃんが送ってくる信号は、それをキャッチしてくれる相手の存在によって、初めて意味を与えられ、コミュニケーションになっていきます。

「気づく」ことは簡単とも思えるかもしれませんが、赤ちゃんの信号は、とても大きく分かりやすいものから、唇や指のちょっとした動きというこまやかなものまで多様にあります。そして、泣き声が「聞こえる」ことと、それが赤ちゃんからの信号なのだと「気づく」ことは違うようにも思います。

赤ちゃんは泣きますが、赤ちゃんだから泣く、というわけではないのだと思うのです。赤ちゃんは、何か理由があって、伝えたいことやしてほしいことがあって、そのために泣いています。赤ちゃんの泣き声が大人の耳に届いても、「また泣いてるわ」という反応しか得られない場合、コミュニケーションになっていきません。「あ、泣いている。何を伝えようとしているのかな?」と、赤ちゃんの泣いている理由や意味に大人が注意を向けることで初めて、泣き声がコミュニケーション手段として活用されたことになります。

シグナルに「気づく」というのは、泣いている、とか、あくびをした、ということを単に知覚することではなく、赤ちゃんなりの言いたいことや伝えたいこと、してほしいことがある、というシグナルを受け取るという意味で、大切なことです。

(2) シグナルを正しく解釈する

シグナルが発せられている、ということに気づいたら、次はその意味を考えていくことが大切です。「正しく」という表現には、私などはちょっと構えてしまうのですが、できるだけ歪みなく、子どもに共感的な姿勢で、子どもが何を言いたいのかを考えてみよう、というように理解していただけるといいのかなと思います。

私たちは、常にいろいろなものから影響を受けて、考えたり判断したりしています。例えば、過去の経験として、こういうときにこうしたとか、こうされたといった記憶や経験は、あなたの思考や判断に影響します。そして、今この瞬間のあなたの状態も、影響します。今日は体も頭も重いなぁとか、暑い、眠いといったことも、あなたが考えることや思うことに影響するはずです。

例えば赤ちゃんのむずかる声を聞いたとき、あなたは同時に、部屋を掃除していたり、ご飯をつくっていたり、来訪があって玄関のベルが鳴ったりしたところかもしれません。私たちは、過去と今の自分を生きつつ、その時その時のやりたいことや、やるべきことの中で生活しています。そうしたいろいろなことも、子どものむずかり声の理由を考えるときに、影響を及ぼすでしょう。むずかり声が、甘えているように思われることもあれば、オムツを替えてというサインだと感じられることもあるでしょう。同じ声でも、まるで赤ちゃんが怒っているように聞こえたり、自分を責めるように聞こえたりすることも、実際にありますよね。

ただ、エインズワースは、大人が自分自身の考えや感覚にとらわれる（その結果、シグナルの解釈が歪んでしまう）のではなく、子どもが何を感じているか、何を伝えようとしているかに注意を向けようとすることが大切だと考えています。エインズワースが重視した敏感性という概念の基盤ともなる態度であり、とても有名で現在でも大切にされている表現に、「子どもの視点から物事を見る（See thing from child's point of view）」というものがあります。私にはこう見える、こう感じられるけれども、子どもには、今、この状況はどのように見えているのだろうか？　子どもはどう感じているのだろうか？　子どもは何をしてほしいと思っているだろうか？　子どもの視点から物事を見ようとすると、その景色は、「私」が見ている景色とは少し違うかもしれないということに気づきます。

「私」にとっては怖くなくても、この子にとっては怖いかもしれない。「私」にとっては楽しくても、この子にとってはつまらないかもしれない――。「かもしれない」でよいのです。大切なのは、子どもの状態を正しく言い当てることではなくて、自分とは異なる、子どもの子どもなりの視点がある可能性を心に持つということです。子どもなりの感情や欲求を考えてみることは、子どもの発するシグナルの意味を探す上で、実際にとても役立ちます。

エインズワースによると、アタッチメントが安定している子どもの養育者には、子どものシグナルを子どもの視点から解釈することに加え、その解釈に「共感」が添えられているという傾向もあるようです。例えば、子どもがおびえているとします。そのことに気づいた大人が、「こんなことにおびえて情けない」という感情を持つのか、それとも「私にとっては怖くないことだけれども、子どもにとっては怖いことなのね」と共感して子どもの気持ちに寄り添うのかによって、子どもへの対応は異なってくるでしょう。

子どもがなぜ泣くのか、なぜぐずるのか、分からない場面もたくさんあります。実際、分からないことの方が多いですよね。ですが、大人が「分かりたいけど分からない」というより、「分からないけど分かりたい」という気持ちでいられたならば、シグナルの意味の探し方や応じ方に、ずいぶんと大きな違いをもたらします。完璧に分かることが求められているのではないのです。「子どものシグナルの意味が分からないときこそ、子どもの視点に立ってみる」という指針は、大人を助けてくれるものではないでしょうか。

（3）適切に応える

子どもの伝えたいことや求めていることに対する適切な応え方には、例えば、子どもの不快を取り除く、抱っこする、温度や明るさを調節するといった具体的な行動が挙げられます。

これには、大人の行動のテンポ、リズム、強さや大きさも関わってきます。

子どもが楽しそうなときは、大きく体を動かしたり、抑揚をつけて大きな声で話したり、速いテンポで歌ったりすることが、子どもにとっても大人にとっても楽しく心地よいやりとりになるでしょう。けれども、子どもがちょっと疲れている、眠い、というシグナルを示しているとき、「さぁ、ボールで遊ぼう！　行くよ、ポーン！」と大きな声で誘うのは、「敏感」とは言えなさそうですね。そういったときは、落ち着いた柔らかい声で、静かに、ゆっくりとしたリズムで、話しかけたり体をさすったりする方が、子どもにとって心地よいものとなるでしょう。

この意味で、親の行動だけを見て、適切に応えられているかどうかを判断するのは困難です。あくまで、その時の、関わりの相手となる子どもの状態や様子に照らして、大人の応答がマッチしているのか、していないのかがみえてきます。

また、子どもに「応える」というと、つい「何かをする」ことに気持ちが向かいがちですが、子どもの状態、シグナルに応じて「やらないでおく」ということも、一つの大切な応え方ですね。子どもが疲れているとき、あるいはじっと何かに集中しているときは、そっとしておく、という応え方が考えられます。

この、相手に合わせた柔軟な調整をイメージするとき、私はいつもスーツケースに入れていて旅支度に大活躍の風呂敷を思い浮かべます。ウガンダやボルチモアでリサーチをしたエインズワースにとって、まさかジャパニーズ風呂敷が出てくるとはびっくり仰天だと思うのですが、「相手（包むもの）の状態に合わせて大きくも小さくもなりますよ」という風呂敷マインドは、「適切な応じ方」に通じるところがあるように思いませんか？　出番が来るまで折りたたまれてそっと控えている姿も、必要とならばひゅっと大きく広がり雨も風もよけてくれるたくましさも、すばらしく「適切な応じ方」を体現しているように思われるのです。

ちなみに、赤ちゃんとの生活をなさっている方にはおなじみかと思いますが、風呂敷でもガーゼ布でも、とにかく大判の布は、いつでもどこでも、赤ちゃんと大人を助けてくれます。タオルやガーゼ代わりにも、おくるみにも、授乳ケープにも、オムツ替えシートにも、レジャーシートにも、冷暖房の効いた屋内での調整にも、しまった！　シャツの襟元がゆるゆるだわ！　というときには大人のスカーフ代わりにも。テレビショッピングの宣伝文句のようになってしまいましたが、とにかく便利で頼れる味方ですので、子どもとのおでかけバッグの中にお気に入りをぜひ一枚。その一枚が、赤ちゃんに応じた「適切な応え方」を思い出させてくれるならば、一石二鳥です。

（4）すみやかに応える

子どものシグナル発信には、タイミングよくすみやかに応答することも大切です。例えば、子どものオムツが濡れて泣き、大人がそれに気づき、「オムツねー。今持ってくるねー」とすぐに応じてくれたならば、やりとりがうまく成立し、子どももすっきり、ご機嫌でいられます。子どもの不快が取り除かれ、衛生が保たれ、大人が子どものシグナルに気づき応じるというやりとりがスムーズに進んで、何気ないけれども嬉しい場面になります。

実はこうした繰り返し、積み重ねは、子どもの自分自身に対する自信につながっていく大切な経験なのです。子どもは自分が泣いたことによって、それがちゃんと受け止められ、自分のオムツがすっきりし、自分が快適でいられることにつながるのだと経験しています。自分の声には世界を変えるちからがある、ということを、大げさではなく例えでもなく、実際に学んでいるのです。

子どもは、自分の声を聴いてもらえたという経験を通じて、「自分が声を出すことには意味がある」「自分は自分で自分を快適にできるちからがある」という、自分のちからの感覚や効力感を育んでいきます。そして、自分の声を聴いてくれた大人への信頼感も、同時に高めていきます。

ただ、「すみやかに応答」と言っても、間髪入れず、というほどに、物理的に即座である必要はありません。子どもにとって、大人のその行動は自分の声に対する返答だ、ということが分かりうる程度にはタイミングよく応えてあげるということです。

実際、子どもが泣いていても「はいはい、ちょっと待ってね」。子どもが呼んでも「はいはい、後でね」ということになりがちです。その「ちょっと」や「後で」が、子どもにとっても待つことができる、もっと言うと子どもが覚えていることができる、思い出すことができる程度の時間の幅であれば、子どもは自分の声と、それへの応答の間のつながりを見失わずにすみます。

親の両手は、ほとんどいつもふさがっています。右の手には汚れたタオルとコップ、左の手にはミニカー各種、というユーフォーキャッチャーの達人も顔負けの巧妙なひっかけ技で、あらゆるものを両手十本の指で運んでいます。物理的に「今は手がふさがっている」ことが多いと思うのです。でも大人は子どもよりも記憶力がありますから、多くの大人が「さっき子どもがしたこと」を覚えていて、後から応じるということを、日常的にしていると思います。それは、すばらしいことです。

けれども子どもの視点に立ってみると、例えば子どもが泣いて、30分経ってから子どもに応じたとします。その応じ方が、確かに子どものシグナルに沿った、正確で受容的なものであったとしても、やはり、タイミングのずれが大きすぎると、子どもにとっては、もう意味が見失われてしまっているかもしれません。できるときは、できるだけ、子どもが「自分に応えてくれた」と分かるタイミングで、応えることが大切になってくると考えられます。

例えば、あなたが夕飯に手巻き寿司の準備をしているとき、買ってくるよう頼んでおいた海苔を携《たずさ》えて家族が帰ってきた場合、タイミングはばっちりで、海苔はとてもありがたいです。でも、別の日にあなたがシチューをつくっているとき、家族が、「この前、買ってきてって言ってたよね？　はい！」と海苔を差し出しても、「えーっと、えーっと、いつか頼んだ気がするのだけれども、今日はシチューだし？」ということになります。もちろん、買ってきてほしいと言ったことをちゃんと覚えていてくれたこと、買ってきてくれたことはありがたいですが「これお願い！」という気持ちに「その時」に応えてもらうことは、とても意味が大きいですね。海苔が最も輝く瞬間は今、というタイミングが、やはり重要なわけです。子どもにとっても、これを今、というときがあると思うのです。

行きつ戻りつ、繰り返す

ここまで、敏感性の4つのプロセスを順にみてきましたが、（1）から（4）は実際には行ったり来たりしています。おなかすいたのかな？　と思って抱き上げてみると、「あ、オムツだった」ということもよくあるでしょう。赤ちゃんとのコミュニケーションにおいて、特にシグナルの気づきや解釈においては、一発正解を狙う必要は全くありません。一発正解する大人が、敏感性が高いと見なされるわけではないのです。

むしろ、こうかな？　ああかな？　と、子どものシグナルを感じ取り、子どもの視点に立って、あれこれやってみようとすることに、子どもの状態に敏感であろうとする姿勢がよく表れています。ちょっと違えば「これは違ったね」とやりとりし、子どもの求めることに応じられたら「よかったね、気持ちよくなったね」と共に喜ぶ。ゆるやかに戻ったり進んだりしながら、やりとりを重ねていくものだと思います。

繰り返しになりますが、子どものシグナルに対して正答することが大人の役割なのではありません。子どもにとって大人が、自分の発したシグナルに目を向けて、やりとりをする相手でい続けてくれることが、安心できる、嬉しいことなのだと思います。

子どもに協力的でいる

さて、アタッチメントが安定している子どもの養育者の特徴（77頁）について、「敏感性」以外の3つにも触れましょう。

まず、②の「子どもが今やっていることに協力的でいる」は、子どもの状態、タイミング、気分や関心に合わせて関わり、協力することを指します。これは同時に、子どもが今しているることや、やろうとしていることを遮ったり、邪魔したりしない、という特徴でもあります。

物理的に、身体的に子どもの行動や動きをとめたり、物を遠くに動かしたり、乳児を抱きかかえて場所を移動させたりということを、誰しもしたことがあるのではないでしょうか。もちろん、危険や周囲の状況に照らしてそうしなければならないことはあります。けれども、そうする必要が無い場合に、また、自覚を持たずに子どもの行動を制限しているという場合には、注意が必要かもしれません。なぜなら、たとえ赤ちゃんであっても、やりたいこと、やりたくないことがあり、感情や意思があるからです。

時間や状況に応じて、「そろそろ寝る時間だね」とか「そろそろお片づけをしよう」と、子どもの行動を整える必要がある場合は多いでしょう。そうしたときも、できるだけ、子どもの気持ちの存在を認めることを忘れたくないですね。エインズワースは、子どもの行動を

「コントロール」するのではなく、子どもを「ガイド」するという表現を使っています。大人が何をどうすべきかを一方的に決定して子どもに通達するのではなくて、こういうときにはこうしようと子どもと一緒にやっていく姿を大切にしましょう、と言うのです。

いやはや、これはまさに筆者にとっても、「言うは易し、行うは難し」。けれども、子どものすることを統制したり遮ったりしてしまうそのときに、子どもが自分とは別個の、子どもなりの気持ち、意思を持って活動している人間であることを忘れてはいけない、という点は心にとどめておきたいと思っています。

子どもにとって心理的、物理的に利用可能である

エインズワースたちは「心理的にも物理的にも」大人が子どもにとって、つながることができる、応答を期待できる、まさに「使える」状態の存在である点を重視しています。特に子どもが幼い場合は、大人が物理的にそばにいることが多いでしょうが、心理的という点も重要です。心も子どもに注意を向けている、気持ちも「一緒にいる」ということの大切さです。いくら物理的に子どもの横にいても、大人の関心が完全に他のことに奪われていたら、それは子どもにとって「一緒にいるけど、一緒にいない」という状態です。物理的には一緒

でも、子どもにとって「利用可能」ではありません。

もちろん、子どもと一緒にいるときは100％子どものことだけをする、考える、というのは、非現実的であるようにも思います。子どもとの生活は、いつでもどこでも上限なしのマルチタスクです。「子どもにとって利用可能である」というのは、常に子どもの横にべったりとくっついているということではなく、子どもがあっちに行ったな、何してるのかな、と子どもに向ける注意を残し、必要なときに応じる姿勢を持っておくということだと思います。

ちなみに、昔から「知らせがないのはよい知らせ」とは言いますが、赤ちゃんや小さな子どもに関しては、静かなときは要注意！　です。「なんだかやけに静かだな」と思ったときは、大至急、要確認です。戸棚からあらゆるものが取り出されているか、壁にアートが描かれているか、マフラーが毛糸に戻っているか。赤ちゃんは静かでも、大人は叫ぶことになる可能性が大です。もちろん、赤ちゃんが何か危ないものを触ったり、口に入れたりしていないか、まずは確認してくださいね。

子どもの要求に対して受容的である

エインズワースは、子どもが、良いことも悪いことも両方、大人に受け止めてもらえるという経験に着目しています。子どものすることは、大人の目に「良い」と映ったり「悪い」と映ったりしますが、子どもは必ずしも意図してやっているわけではありません。大人の目には「悪い」「困った」行動に見えても、子どもの視点に立ってみれば、子どもは困っていて、不安だから、助けてほしくてぐずったり、物を投げたり、大声を出したりしているのかもしれません。

エインズワースは、大人が、子どもが示す特定の「この行動」、特定の「この様子」に対して、怒ったり、悲しんだり、苛立ったりすることと、子どもに対して全体的に、あるいは子どもという存在そのものに対して、苛立ったり、敵意を向けたりすることの根本的な違いを指摘しています。

子どもに否定的な気持ちを一切持たないということが「良い」大人の姿なのではないし、それが大事だと示されているのではありません。子どもの行動や、子どもの様子に、苛立ちや、困難さを感じることは、日常の中で本当に自然なことでしょう。子どもと長い時間を一緒に過ごしている大人だからこそ、子どもが示す難しさも、子どもへの分からなさも感じることがあると思います。

さらにエインズワースは、大人が子どもを受け止めることには、大人が自分の気持ちを受け止めることが関わっていると指摘しています。筆者はこの点を特に意味深く感じます。子どもとの日常生活を通して、大人は嬉しい、楽しいといった肯定的な気持ちも、大変だ、つらいといった否定的な気持ちも、両方を感じるのが常です。大人がこの両方の気持ちを、両方とも抱えること、そのバランスを保つことは、子どもを受容する、受け止めることの根っこの感覚になると考えられています。子どもの気持ちを受け止める大人の気持ちについて考えることは、最終章であらためて触れます。

3. できるときに、できるだけ

日頃、読者の皆さんが子どもにしていることの中には、エインズワースたちが注目したような姿勢や見方が、含まれているのではないかと思います。ただ、筆者は、ここで紹介したことを早速やってみましょう、とおすすめするわけではありません。エインズワースらの記述は「こうしましょう」という具体的な行動を示したものではないのです。

敏感性その他の特徴は、安定したアタッチメントを形成している子どもと養育者のやりとりの中で観察された、特徴的な大人の姿勢を取り出したものです。それはあくまで「姿勢」

の特徴であって、その姿勢がいろんな場面で、いろんな行動に、いろんなふうに表れるのが実際なのだと思われます。

アタッチメント理論は非現代的？

アタッチメントの研究知見は、子どもに「何をすればよいか」を単純に簡単に示すものではありません。それゆえに、きっと現代の子育てをしている大人たちには受けないのだろうな、と思うことがあります。大手通信教育会社に勤める方が、今時の親が求めていることについて、次のように話してくれたことがありました。

「最近の親たちが求めているのは、今すぐ実践できること、確実に子どもに効果のあることです。子育てへのアドバイス、子育てサービス、子どもへの教育に関しても同様です。そして、自分たち自身がこれまでの人生を一生懸命頑張ってきて、子どもに相応の投資をしたいと思うから、自分たちのエネルギーを効率よく使い、失敗を回避したいという要求が強いんです」

そうした親の気持ちは、とてもよく分かります。何が良くて何がダメなのかをきっぱり示してくれれば、すぐに実践できそうですし、失敗せずにすみそうです。

ところが、アタッチメント理論は、全くそういうことを示さない、示せないのです。アタッチメント理論において重要な考え方、そして、親の立場になるといつもハッとさせられる視点は、「大切なのは大人が何をしたかではなく、子どもがどう感じたか」であるというところです。例えば、子どもが泣いているときに、大人が「こんなに長く、たくさん抱っこした」と思っていても、抱っこされている間に子どもが十分に安心感や安全感を回復できなかった場合、残念ながら、それは子どもにとって「十分」ではないのです。

事業やサービスの評価指標に「顧客満足度」というようなものがありますが、アタッチメントもいわば「子ども満足度」を重視する考え方です。ですから、大人の「これをやった」「これだけやった」という視点から、子どもの育ちを説明するとか、まして予測するということは、そもそも難しいのです。子どものアタッチメント欲求に応えられているかどうかは、子どもがどう感じたか、子どもにとって十分であったかによります。「子どもが、何を、どれくらい求めているか」を探したり、考えたり、迷ったりしながら、子どもと一緒にやっていきましょうね、というような子育ては、効率的に確実な「答え」を探したい親や大人には、ちょっと受けないだろうと思うのです。

それぞれの大人が、それぞれの子どもにとっての十分さを考えていくのですから、これは簡単なことではありません。子育ての正解を聞きにいったら、逆に問いを与えられたようなものですよね。それでも、正解なんてないプロセス、子どもの安心のために何かできることをやっていこうという、オリエンテーリングよりはハイキングのようなプロセスを、「それでいいんだよ」と言ってくれるアタッチメント的子育ての視点を、私は紹介したいと思っています。こうした考え方は、迷ってもいい、やり方は一つじゃない、ということを教えてくれ、大人にもいくらかの安心感を与えてくれるのではないかと感じます。

子どもへの応答は1／3でOK!?

ここで、もう一度、安心感の輪（**図1-1**／45頁）に戻ってみましょう。実は、この図には、大人に向けたメッセージも書いてあります。

図の右下をご覧ください。大人の手に挟まれて、3つの文章が並んでいますね。「いつでも」と「必要なときは」も心に留めつつ、ここでは2つ目の「**できるときは**：子どもの欲求に応えよう」に注目します。「安心感の輪」のタイトルのすぐ下には、「子どもの欲求に目を向けよう」とあります。子どもの欲求に目を向けて、それに気づいていても、大人はいつでも応えられるわけではないですね。だからこそ、「できるときは」子どもの欲求に応えようという提案です。

「子ども満足度」なんて言われると、子どもが満足しているのかどうかが心配になる方もいらっしゃるかもしれません。けれども、目標はそんなに高く定めなくてもいいし、まして完璧なんて目指す必要はありません。この点を数値でお示しするのは難しいのですが、関連する研究を二つ紹介します。

一つは、この章で取り上げた、大人の敏感性についての報告です[4]。敏感性の様子には、個人差があるのが実際です。興味深いのは、研究者が客観的に眺めた場合に養育者の敏感性が低く見えても、子どもにとっては、何とかちゃんと、安心の基地になっている場合がある、という点です。その子どもの日常生活において、いつもとはいかなくても、最終的にどこかで欲求に応えてくれる、子どもにとって安心感を回復させてくれる養育者であれば、子どもはその養育者との間に安定したアタッチメントを形成しているというのです。

子どもは、自分の気持ちをどこかでどうにか整えてくれる養育者に対して、そんなに細かく、厳しい目を向けてはいないのですね。子どもからの信号を大人が取りこぼしたり、読み間違えたりすることが多くても、最後には何とか自分に応えてくれたという経験の方を、子どもはちゃんと受け取っているように思われます。

もう一つは、赤ちゃんとのコミュニケーションの研究知見です[5]。コミュニケーションはよくキャッチボールにたとえられますが、大人と子どもとの間ですべてのコミュニケーションシグナルがキャッチされ、あるいは投げ返されるかというと、決してそんなことはありません。赤ちゃんと養育者の実験的なコミュニケーション場面を観察した研究では、最もスムーズに良好にやりとりが進んだペアにおいてさえ、両者がうまく同調できているのは30％程度でした。つまり、3回に2回くらいは、信号が見過ごされたり、応答がなかったり、両者の様子がミスマッチだったりするということです。これくらいの割合でも、やりとりは十分に成立し、それでも十分に円滑で良好なやりとりになっているのです。

完璧じゃないからいい

そもそも日常のコミュニケーションなんて、全然完璧ではないのです。ここでもう一つ強調しておきたいのは、「完璧じゃないからいい」という点です。

例えば、あなたが投げたボールを、相手がキャッチできなかったとき、あなただったら、どうしますか？　次はもっとちゃんと届くように強めに投げてみようとか、もっと相手の体の真ん中をめがけて投げてみようとか、投げ方を工夫したくなりませんか？

子どもだって同じです。大人とのコミュニケーションの中で、うまく伝わらなかったり、大人の注意を惹きつけられなかったりしたとき、子どもは自分の声の出し方や長さ、行動をいろいろ変えてみるという工夫をします。そして、これくらいだったら通じた、という経験を積みます。あるいは、さっきはうまくいかなかったけど、またこうしてやりとりが復活したということは、さっきぐらいの失敗はなんてことないな、というようなことを学んでいきます。

赤ちゃんだって、子どもだって、自分で工夫しているのです。「こんなふうにやってみよう」と自分が自律的な行為者となる感覚は、やりとりが「完璧ではない」から活発になると考えられます。

もう一つの工夫もあります。子どもの欲求の全てには応えられないからこそ、大人が「これくらいなら応えられるけど、どうかな？」と提案してみるのです。大人と子どもが一緒に、現実的な「落としどころ」を探す感じです。

子どもの欲求に全て応えようと「さぁ、来い！　どんな球でもキャッチするぞ！」とミットを構えていた方は、もう少し肩の力を抜いてもよさそうですよ。受け止められないボールがあったとしても、子どもには十分、大人が「受け止めようとしている」ことは伝わっています。

先ほど引用した敏感性についての研究の中に、子どもは大人の取りこぼしを「ディスカウント」してくれるという表現がありました。子どもが投げたボールを、何回かに1回でも大人がキャッチしてくれるなら、キャッチしそびれたり、子どもに投げ返そうとしたボールが届かなかったり、明後日の方向に飛んで行ったボールがあったとしても、子どもは目をつぶってくれるのですね。

何回かに1回でも、自分が投げたボールを大人に受け止めてもらえたら、子どもはとっても嬉しいのです。そうやってボールを受け止めてもらった経験により、子どもは「自分がボールを投げていることを大人が知っている」状態を知ります。そうして、子どもは、大人にボールを投げ続けられる気持ちでいられるのです。

子育て中のタスクは回転寿司のごとく

ここまで、大人と子どものやりとりをキャッチボールの例えで考えてきました。ただ、私自身が子どもとの生活で感じたやりとりのイメージは、回転寿司です。親の目の前に回転寿司のレーンがぐるぐる回り、どんどんやってくるお皿をさばき続ける、というイメージです。

ちなみに、流れてくるお皿にのっているのはお寿司ではなくて、「片づけ」「洗濯」「料理」「お皿洗い」**『抱っこして』**「掃除」「買い物」**『遊んで』**「片づけ」……という感じです。

太字で表したのは子どもの欲求です。その前後には、家事や身のまわりのお世話事が連なっていて、まぜこぜになりながら、どんどんと目の前に流れてくるイメージです。うまく取り上げられないお皿はそのまま流れ去っていきます。子どもからの**『抱っこして』**のお皿も、タイミングよく取り上げられずに流れていくことがあります。そこで気づいたのが「3回に1回は応えたい、でも、そもそもこれって何回目?」という問題です。始まりも終わりもなく流れ続けるレーンの前で、何皿目とか、何周目とかを考えると、もう余計に目が回ってきます。

筆者自身が子どもと一緒に過ごす生活の中で気づいたのは、子どもが「今からボールを投げるよ」、大人が「はいはい、受け止めますよ」というように、向かい合ってキャッチボールの構図につくことが、そもそも現実的ではないということです。

特に子どもが乳児の頃、衣・食・住まわりのお世話は「超」初心者、加えて家事全般に若葉マークがついていた私は、子どものことだけを見ていればいいわけではないという事態にてんてこ舞いでした。物理的にやるべきことが多く、「終わり」はなくて、すんだそばからまた始まるという繰り返し。朝食を終えたら、お昼ご飯の心配をし、お昼を片づけたら、夕飯の献立に頭を悩ませます。おねしょに、食べこぼしに、外遊びの泥汚れと、洗濯も一日中です。

家事経験を積んでいる方には当たり前の日常かもしれませんが、親子関係をそれだけ切り取って近視眼的に勉強していた私には、親が常にマルチタスクの中に置かれているということ自体が、衝撃的な発見でした。そこで浮かんできたのが、先ほどの回転寿司のレーンのイメージであったというわけです。

子どもの欲求に加えて、自分自身にもやりたいこと、やらねばならないことがあります。諸々混載中というレーンの前にいると、三皿に一皿は取

り上げようなんていう意識では、余計に目が回ります。今の私には、「できるときは」子どもの欲求に応えようという表現が、決して甘やかした言い回しではなく、現実的な心構えとして、目標と勇気をくれるように感じられます。

子どもの声に何回応え、何回応えられなかったかを追うのよりも、できるときにできることを一つやる、が実際的だと思います。正直なところ、私にはそれも、意識しなければなかなか成せません。だから、できるときには、かろうじて取ることができた「抱っこして」の「お皿」を大切に持って、止まらない回転レーンの前を意識的に離れようと思っています。そうしてひと時でも、回転レーンではなくて、子どもと向き合う姿勢を思い出したいのです。取りこぼすこともあるけれど、受け止めようとしていることは、子どもに伝わるといいなと思っています。

また、筆者は「育児」という言葉があまりしっくりこないまま、子どもが大きくなっているという感覚を持っています。子どもにだけ向き合って関わっている時間が、あまりないように思うのです。目白押しの家事と仕事の合間合間に、子どもと遊んだかな、なぞなぞしたかな、今日の出来事を聞いたかな、というのが実際です。

きっと、もっとしっかり「育児」をなさっている方も多いことと思いますが、それでも子どもが大人に向けた「見てて」「一緒に楽しんで」「抱っこして」「守って」といったような様々な思いのすべてが、いつも受け止められ、満たされるというのは、現実的ではありません。そして、それは必須でもないと考えられます。ですから、いつもでなくてよい、できるときにできるだけのことが、子どもには伝わるという知見は、子どもの安心感の輪を支えようとしているすべての大人に、安心と勇気を届けてくれるのではないかと思っています。

今日一日のおしまいに

フル回転の一日を終えて、子どもの添い寝をしている私の方が、子どもよりも早く眠ってしまうことが少なくない毎日ですが、子どもの寝顔を長く眺める夜もあります。子どもの寝顔を見つめる夜は、我が身を見つめる夜でもあります。

安心感の輪の図にあるように、大人である私は「子どもよりも、大きく、強く、賢く、優しく」いたい。そう心掛けていても、我が身の親としての成長の歩みは遅々たるもの。私は今日、子どもよりも大きく、強く、賢く、優しくいただろうか。

子どもと過ごす日中には、子どもへかける言葉も、拵《こしら》える食事も、遊ぶものも、科学的にはおろか主観的にさえ、これでいいのかどうか分からないけれど、今その瞬間にできることを実行あるのみです。ただただ走り続けているから、子どもが眠りについた時間は、自分を振り返ることができる、迷うことができるひと時です。

なすべきことをなしえた一日。そう思える日がほんの時々でもあることは幸せです。正しさを探して迷子になった一日。何をなすべきかを違えたように思われる一日。反省することの方が多いから、悔いや迷いが頭を占めてなんだか心細く、落ち込むことも多いものです。

そんな夜、絶対的に正しく規則的な子どもの呼吸の前に、私は何度も何度も感動します。吸って、吐いて、吸って、吐いて。すー、ふぃー、すー、ふぃー。今日一日が良かったのか悪かったのか分からないけれど、子どもは確実に、息を吸って、息を吐いて、眠って起きて、大きくなっている。穏やかで、でも力強さを感じる寝息は、生き物としての絶対的な命を感じさせます。この健やかな命に、私の方が途方もなく大きな安心を感じます。

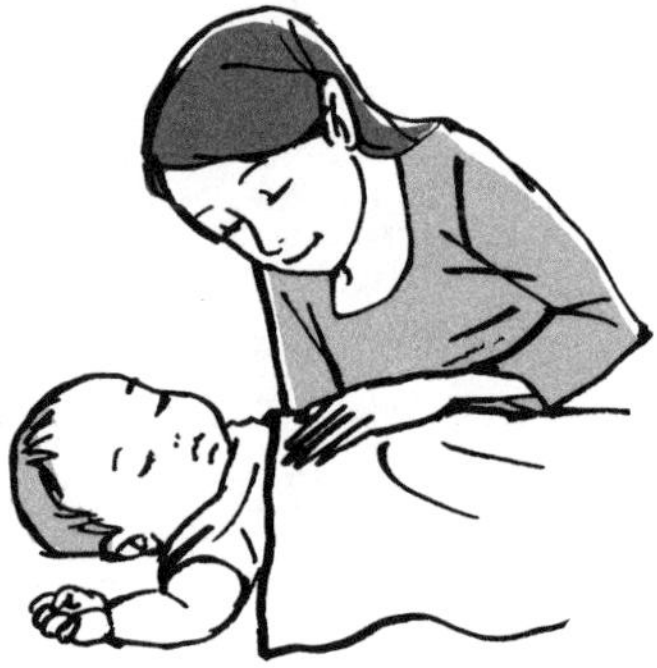

子どもに添い寝をしている大人はしばしば、「一緒に寝て安心しているのは子どもだけじゃないよね。安心をもらっているのは親の方よね」なんてことを言います。親が迷っても、悩んでも、眠る子どもの規則的な呼吸、柔らかい寝顔は、親に安心をくれるように思います[6]。そして、明日も子どもはもっと大きくなるのだという希望を感じます。そんな子どもと一緒に、私にもまだできることがあるはず、という勇気をもらいます。

アタッチメント関係においては、大人は子どもよりも「大きく、強く、賢く、優しく」いたいものです。けれども、子どもと一緒にいないときまで、それを目指す必要はないでしょう。大人も親も、その役割を休む時間が必要です。

一日のおしまいに、小さな子どもから明日への勇気をもらって、ゆっくり休みましょう。

---

1 Bowlby, J. (1969/1982). J．ボウルビィ（著）、黒田実郎・大羽蓁・岡田洋子・黒田聖一（訳）、（１９９１）、母子関係の理論１〔愛着行動〕、岩崎学術出版社．

2 Ainsworth, M. D. S., Blehar, M. C., Waters, E., & Wall, S. N. (1979). Patterns of attachment: A psychological study of the strange situation. Psychology Press.

3 Ainsworth, M. D. S. (1969). Maternal sensitivity scales. Power, 6, 1379-1388.

4 Cassidy, J., Woodhouse, S.S., Cooper, G., Hoffman, K., Powell, B., & Rodenberg, M. (2005) Examination of the precursors of infant attachment security: Implications for early intervention and intervention research. In L. J. Berlin, Y. Ziv, L. Amaya-Jachson & M.T. Greenberg (Eds.), Enhancing early attachments: Theory, research, intervention, and policy (pp. 34-60). New York: Guilford Press.

5 Tronick, E.(2007) The neurobehavioral and social emotional development of infants and children. New York: Norton.

6 ここでの、日常生活の中で親が子どもに感じる安心（「元気に育っているなぁ」などといった気持ち）は、アタッチメントの安心感とは異なる。大人と子どもの間では、子どもが大人にアタッチメント欲求を向ける。大人の方が子どもを頼りにしたり、子どもから安心感を得ようとしたりすることは、アタッチメント関係における役割が逆転している。

コラム 2

暮らしと育児のグラデーション

当時2歳だった子どもの初登園の前日、私にとっては出産後の仕事復帰の前日、私たちの就寝時刻は夜の11時でした。

子どもの分の準備と、自分の分の準備に、なんだかんだと時間がかかります。先に子どもを寝かせようとするものの、ソワソワしている私の気持ちは子どもにお見通しで、全く寝つくことはありませんでした。結局、何とか寝る状態にたどり着いたとき、時刻はすでに11時をまわっていたのです。2歳の子どもにとって、これは全くよろしくありません。さすがにまずい、と翌日から試行錯誤が始まりました。

私が立てた目標は、できれば9時、遅くとも9時半には子どもが寝るようにすること。

もう、起きたそのときから、寝る時間に向かって動き出します。おかしいのですが、本当に、就寝に向かって生活を組み立てるという時間のパズルが、朝から始まる感じでした。

子どもとの生活ではやっぱり、一人でいるときよりもずっと、やること、やるべきことが多くなります。しかしながら、どうやったって、一日は24時間です。そこで、学生の頃のテスト前や社会人になりたての頃のプレゼン前夜のように夜更かし、あるいは早起きをして、作業時間を増やす作戦を実行してみました。

けれども、すぐに気づきました。だめです。大人も寝ないと体力が続きません。単発のテストやプレゼンと違って、子どもとの生活は今日も明日も明後日も続きますから、付け焼き刃的な対策は持続可能ではありません。まして、子どもを電動自転車に乗せて登園・通勤をするなどのミッションを考えると、体力をしっかり確保しておかないと、子どもと自分の安全に関わります。

子どもの睡眠時間を確保したい、そして、私もちゃんと寝たい。仕事から帰宅して寝るまでの3時間から4時間をどうすれば効率よく過ごせるか――。このミッションはなかなか難しく、正直に言って、今でも試行錯誤中です。私は生来のんびりしているので、一つひとつを素早く終えるということがどうにもうまくいきません。結果的に「することを減らす」「することを重ねる」という形にたどり着いてきました。

特に「重ねる」ことになったのは、私の場合、家事と、子どもとの遊びやコミュニケーションの時間です。そこで、2歳のこどもは、私と一緒に洗濯物を干すのが寝る前の日課となりました（この時期、我が家では夜に洗濯をする方がスムーズだったのです）。「2歳なのに、もう、洗濯物を干すお手伝い？」「えらいわねー」と受け止めてくださった方もいたのですが、お手伝いの経験という意図でこうなったわけではなく、当時は洗濯物干しとおしゃべりタイム、遊びタイムを重ねないと、時間内に収まらなかったのですよね。

本当は、子どもと向き合って折り紙をする時間を取りたいけれど、洗濯物を干す時間も必要なわけです。両方をそれぞれすることはできなくて、結果的に、洗濯物のタオルやハンカチを折っていろいろな形を作ることになりました。また、その日の洗濯物の中身や状態が、絵の具遊びをしたとか、給食がカレーだったとか、その日の出来事を思い出させてくれるものであったりもして、おしゃべりしたいことがたくさん出てくるようにもなりました。

子どもは洗濯物の山から靴下やハンカチを選んで、洗濯ばさみで挟んでとめていき、私はシャツやタオルをハンガーにかけながら、洗濯ばさみで怪獣を作ったり、なぞなぞをしたり、しりとりしたりをして遊ぶ時間となりました。

このやり方を選んだというよりも、結局そうしかできなかったという形での生活スタイルですから、特段おすすめできるものではありません。家事と育児はきっちり分けた方が効率がいいという方や、「ながら」作業はよろしくないというお声もあろうかと思います。うちの子どもも、本当は折り紙をしたかったかもしれません。確かにそうなのですが、そのときの我が家では、そんなふうに重ね合わせて、混ぜ合わせて、子どもと一緒の時間を過ごすことが、落としどころだったように思います。

皆さんにも、傍から見ると、あるいは自分自身としても「何でそんな時間に、そんなことをしているの?」ということがあるかもしれません。それでも、その親子や、その家庭ではそのとき、そうすることが、最適というか、それしかないというやり方なのではないでしょうか。それは結果的であったとしても、そのときのベストな重なり具合として現れた、毎日の工夫なのだと思います。

我が家では、今でもちょっとここには書けないくらいの混ぜこぜ具合で、子どもと過ごす日々ですが、どうにも私が夜に力尽きてゆっくりしてしまうため、未だに就寝時間が遅めです。皆さんは、どんな工夫をされていますか?

第3章

大人のこころで子どものこころを思う

子どもへのメンタライジング

この章では、前章で着目した「敏感性」を基本としながら、より近年のアタッチメント研究の中で注目されている、大人の姿勢を紹介します。特に取り上げたいのは、大人が子どもの心についてどのように考えるか、あるいは、考えないか、という姿に表れる特徴です。

エインズワースが提唱した敏感性は、その後も世界中の多くの研究者によって検討が重ねられました。個々の研究知見としては、高い敏感性を持つ大人のもとで、子どもには安定したアタッチメントが育まれやすいことが示唆されています。

しかしながら、実は、多くの研究結果のメタ分析によると、大人（実際の研究では家庭の養育者が対象）の敏感性と子どもの安定したアタッチメントの関連は、理論的に想定されたよりは強くありませんでした。関連しないことはないけれども、その関連の程度は、中程度にとどまることが指摘されています。そこで、大人の敏感性は一定の重要性を持つものの、もっとはっきりと強く説明するものはないのだろうか、という疑問が新たに湧いたわけです。

この再考の中で、敏感性の核の探究が行われました。先の章でみたように、敏感性の中には少なくとも4つのプロセス（子どものシグナルに気づく、解釈する、適切に応える、すみやかに応える）が含まれています。どれも大切です。けれども、いかんせん要素が多いのです。そこで、より重要な、より核となるものを切り出していこうと検討が重ねられています。

さらに、敏感性の新たな側面に注目する流れもあります。この章ではこういった検討の流れの中で提案され、実際に子どもの安定したアタッチメントの発達との関連が確かめられている大人の姿勢について紹介していきます。

1．あなたの子どもはどんな子ども？

アタッチメント研究の中で注目されているものに、「あなたのお子さんはどんなお子さんですか？」と質問されたときの、大人の答え方に表れる特徴があります。

もしあなたがお子さんを育てている方であれば、「お子さんはどんなお子さんですか？私に教えてください」と質問されたとき、どのように説明をするでしょうか。ご自分のお子さんではなくても、今、関わっておられる子どもについて同様に質問されたときに、どう答えるのかを考えてみてください。できれば実際に、説明する、書き出すということをやってみていただけるといいかと思います。

さて、いかがでしたか？「実際に」やってみると、言葉を探すのに苦心する方も多いのではないでしょうか。よく知っている子どものようでいても、どこの部分をどう説明しようかと、考えてしまうものでしょう。私自身も研究において、子育て中のお母さんを中心にこの質問をしてきましたが、多くのお母さんから、「え？　どんな子どもか、ですか？」と聞き返されることがよくあります。「どんなことでも結構ですよ。お子さんの特徴とか、日頃のお子さんのことを教えていただきたいのですが……」と、少しずつ伺っていくと、徐々にいろいろな言葉が出てきて、お子さんの様子がだんだんと私にも見えてくるような感覚があります。回答の素早さが求められているのではありませんので、時間をかけて、あなたの心に浮かぶ、お子さんの様子を描写してみてほしいと思います。

子どもの姿はそれぞれ違う

突然ですが、「きかんしゃトーマス」のアニメをご覧になったことはありますか。小さいお子さんには絶大な人気を誇るアニメです。「たくさんならんだ　じょうききかんしゃ～♪」で始まる「きかんしゃトーマスとなかまたち」の主題歌は、明るいテンポと「ポッポー」の汽笛の音も相まって、大人も子どもも楽しくなる名曲だと思います。アニメのバージョンにあわせて登場人物（登場機関車）のバリエーションがあるようですが、カラフルでパワフルな機関車の仲間たちが次々と紹介される歌詞を少し引用します。

トーマス！　いつでもげんき
ジェームス！　おしゃれでゆかい
パーシー！　たよりになるね
ゴードン！　とってもつよい

エミリー！　しっかりやさん
ヘンリー！　ちからがあるよ
エドワード！　やさしいこころ
トビー！　しかくいなかま～

「きかんしゃトーマスのテーマ2」より

なぜこの歌を引用したかというと、この歌ではトーマスをはじめとするそれぞれの機関車たちの特徴が端的に描かれているからです。

「あなたのお子さんはどんなお子さんですか?」という質問に対して、例えばこの歌詞にあるように、「いつも元気で、しっかり屋さんで……」のように回答をすることができそうです。皆さんはどのように、子どものことを説明しましたか？

この質問は、イギリスの発達心理学者、エリザベス・マインズ教授が、アタッチメントに関する研究の中で考案したものです。マインズ教授が行った子どもの養育者への面接では、本当にいろいろな回答があったと記されています。注目したいのは、養育者が示した回答のどのような部分に、子どものアタッチメントの発達に関連しそうな特徴が表れるのか、という点です。

養育者は、子どもの身体的特徴や外見（「背がとても高くて」「髪を長く伸ばしていて」など）を説明したり、行動の描写（「いつも走っている」など）をしたりします。また、性格や好みなどの心理的特徴（「緊張しやすいところがあって」「優しい性格で」など）に着目した説明をすることもあるでしょうし、「子どもは本当にかわいい」というような、やや抽象的な表現をすることもあります。マインズ教授は、幼児期の子どもについて養育者が示す説明の内容を、「身体的」「行動的」「心理的」「一般的」という特徴に分類しました。そして、アタッチメントが安定している子どもの養育者は、アタッチメントが不安定な子どもの養育者と比べて、性格や心理面を表すような描写をしやすいことを見い出しました[1]。

この養育者の特徴とは、単純に子どものことをたくさん説明できるかどうか、あるいは早く答えられるか否かというのではありません。子どものどのような側面に着目しているかという、子どもに対する見方、視点の特徴が、安定したアタッチメントと関連していました。

なお、この研究結果は、養育者が子どもの性格や心の特徴について説明できるようになれば、子どものアタッチメントが安定したものになる、という意味ではありません。そうではなくて、「お子さんについて教えてください」という漠然とした問いを投げかけられたときの回答の様子に、その養育者が日頃から、子どもをどんな存在だと捉えているのか、子どものどんな様子に目を向けているのかという特徴が、反映しているだろうと考えられているのです。

幼児や乳児という幼い子どもであっても、子どもなりの考えや感情を持っていること、子どもなりの心の状態があること、それに沿って行動している存在であると子どもを捉えることを、心理学では子どもを「心的行為者」として捉える姿勢と表現します。幼い子どもを一人の心的行為者として捉える養育者の姿勢は、日々の子どもとのやりとりにも影響するでしょう。

先に触れたエインズワースの敏感性について、子どもの視点から物事を捉えることの意味と重要性を示しました。子どもが子どもなりの心を持った一人の人間であると認めることは、まさにそこに関わってきます。「あなたのお子さんはどんなお子さんですか」という質問は、シンプルですが、大人の子どもに対する捉え方の特徴をよくつかむことができる、象徴的な質問だと思います。

先ほどのトーマスの歌詞に戻りましょう。我が家は、とあるファストフード店でたまたまいただいたオマケをきっかけに、トビー推しになりました。それゆえ、大好きなトビーが紹介される部分は俄然、気になるところでした。

「トーマス！　いつでもげんき〜♪」「エミリー！　しっかりやさん〜♪」と続いて、最後の最後に「トビー！」です。いよいよ、と待っていたら、「しかくいなかま〜」。まぁ、あっさり。トビーは確かに、前から見ても横から見ても四角いのですが、トビーにも、つよさも、優しさも、たくましさも、たくさんあるのに……。

2. 子どもが考えていることとは？

前項では、子どもについて自由に、思いつく言葉で説明してもらうという質問を通して、大人の視点の特徴を捉える試みを紹介しました。一方、より直接的に、子どもの心の状態について大人に質問する研究も行われています。イスラエルでアタッチメント研究を精力的に展開しているオッペンハイム教授、臨床的支援を行っているコーレン・カリー教授たちによる「洞察性」についての研究を紹介します[2]。

洞察という言葉は日常的にも使用しますが、ここでは、「子どもの行動には子どもなりの動機がある」、「子どもには子どもなりの思いや考えがある」ということを、大人がどう考えているかという、子どもの心についての洞察に焦点があてられています。この研究では、大人に「お子さんはどんなことを思ったり考えたりしていると思いますか?」と直接的に質問を投げかけます。ただし、この洞察性の質問方法には一つ、工夫があります。

実は、大人に質問をする前に、事前にその大人と子どもの実際のやりとりの場面、遊びの様子などのビデオ撮影をしておくのです。そして、大人へのインタビュー場面では、面接者が大人と一緒に事前撮影した映像を見ながら、先の質問をしていきます。このため大人には、自分で自由に子どもについて考える、というよりも、実際にビデオに撮影された、具体的な場面、具体的な子どもの行動について、そのときの子どもの心の状態について考えを巡らせることが求められます。

インタビューでは、大人が具体的に何を回答するかというよりも、大人が子どもをどのように捉えようとしているかという視点に着目します。「お子さんはどんなことを思ったり考えたりしていると思いますか?」という直接的な質問ですから、子どもの気持ちを回答するのは容易だと思われるかもしれません。それでも、子どもなりの動機や思いについて考えてみるということには、ビデオで実際の子どもの行動、様子を振り返りながら、大人自身が「子どもの視点に立って」そのときの様子を捉え直すという姿勢が表れます。

大人と異なる子どもの気持ち

例えば、親子がブロック遊びをしていて、親が次はボール遊びをしようと誘い、まずはブロックを片づけようと子どもに促す、といったビデオを見ながらのインタビューを例にとりましょう。

ビデオを振り返った親が、例えば「子どもがブロックに飽きてきたように思ったので、あ、私自身も飽きてきちゃって、それでキャッチボールの方が楽しいかなと思ったんですよね」というような回答をします。そして、「でも、ブロックって、踏むと結構、痛いじゃないですか。この前、子どもも踏んじゃって、相当痛かったみたいで。なので、ブロックをとりあえず片づけたかったんですけど、もう子どもは全然言うこと聞かない。早くボールやりたい。実際、もうボールを一人で投げてましたねー」といったお話が続く、といった感じです。

このように親自身にその場面を振り返ってもらうことで、親自身はそんなことを考えていたのだな、子どものことをそのように捉えていたのだなということが見えてきます。この回答には、子どもが飽きてしまった様子を捉えて、違う遊びに誘うという子どもの状態への敏感さや、共感が示されていると思われます。また片づけの場面で「言うことを聞かない」のだけれども、そこには子どもなりの「ボール遊びを早くやりたい」という気持ちがあることへの理解もうかがえます。

子どもなりの気持ちや動機が分かりやすい場面や、大人も子どもと同じ気持ちを体験しやすい場面においては、子どもへの洞察や共感は生まれやすいと考えられます。しかし、「大人はこうしたい」「大人はこれがいいと思っている」のだけれども子どもが「違うことをする」と見える場面で、子どもなりの気持ち、大人とは異なる視点と動機を洞察することは、簡単とはいえません。

インタビューは、大人が回答しやすいことを自由に回答するのではなく、実際の子どもの様子を捉えたビデオについて回答するという構造です。難しい場面が含まれることもありますが、それでもなお、大人の自分の思いと、それとは異なる子どもの気持ちの双方があることの両方を認め、受け止めるという特徴を、回答からうかがい知ることができます。

子どもへの洞察性

オッペンハイム教授らは、洞察性を示す養育者の子どもにおいて、アタッチメントが安定しやすいことを報告しています。一方、子どもの行動や様子から子どもなりの動機や考えを洞察することが難しかったり、子どもの気持ちのある側面には思いを巡らせるものの、別の側面には難しいというような養育者の子どもにおいては、アタッチメントが不安定であることが多い様子が示されています[3]。

なお、この研究では、養育者の洞察性と敏感性の双方を測定して、子どものアタッチメントのタイプとの関連を検討している点も注目されます。結果は、旧来の敏感性よりも、この洞察性に表れる特徴の方が、子どもの安定したアタッチメントと関連していることを示すものでした。

敏感性は、実際の子どもとのやりとり場面を観察して、養育者の行動に表れる特徴に着目します。一方、洞察性は、行動そのものではなく、子どもの心に対する養育者の捉え方に着目します。子どもの安定したアタッチメント形成には、養育者が表す行動だけではなく、その行動の背景となるような、養育者が子どもの心をどのように見ているかという視点が関係していることを直接に示唆する研究として注目されます。

子どものイメージを固定しない

なお、洞察性の概念には、子どもなりの動機や感情に目を向けることに加え、「開放性」や「受容」といったいくつかの要素が含まれています。「開放性」とは、子どもの新しい姿を発見しようとする、子どもに対する理解の仕方が柔軟で開放的である様子です。特に一緒に生活をしたり、付き合いが長かったりして、よく知っている子どもであればあるほど、「この子はこういう子だな」という、その大人なりの子どもに対する見方や理解ができてくるのは当然だと思います。ただ一方で、このインタビューで映像を見る経験を通して、子どもについての新しい発見が生まれることもあります。「この子には、こんなところもあるんだ」と大人が気づきを得ることもあるのです。

重要なのは、ビデオをつぶさに分析して、子どもの細かな変化を発見することではありません。「この子はこうだ」と子どもへの解釈を固定化してしまわずに、実際の子どもから子どものことを知ろうとする開かれた態度でいることです。大人の中の子ども像を常にアップデートしていくような姿に、大切なことが含まれていると思います。

もちろん、子どもには、大人から見ていいところ、大好きなところがあると同時に、困ってしまうところ、変わってほしいところだってあるでしょう。子どもを単純化せず、立体的に、いろいろな角度から眺める姿勢にも、洞察性が表れていると考えられています。

このインタビューで使用するのは、極めて日常的で普通のやりとりです。ご家庭で養育者が積極的に撮影したくなるイベントやお出掛けの場面とは、少し様子が異なります。ただ、研究においては、そうしたまさに日常の中に、子どもの発達を支えるたくさんの要素や仕組みがあると考えます。特段何ということもない、おしゃべりや、くすぐり遊びや、食事やおやつの様子などの映像を用いたインタビューが、多くを教えてくれるように思われます。

3．子どもと気持ちをおしゃべりする

「バブー」は意味のある言葉？

先ほども紹介したマインズ教授らは、アタッチメントが安定している子どもの養育者には、

子どものことを、本当にまだ幼い乳児の頃から、心を持った一人の人間として扱っているという特徴があると指摘しています。

例えば、1歳未満の赤ちゃんは「喃語《なんご》」と呼ばれるような、明確な言葉になる前の、しかしそれでいて音も拍子もバラエティ豊かな声を発します。バブリングとも言われますが、「ブーブーブー」「あうあうあう」と短い音を繰り返したり、高低をつけてみたりして音を遊んでいるようであったりもします。これらはまだ、1歳頃に発せられる「初語」と言われる意味を持った音（例えば、ご飯のことを「マンマ」、お父さんのことを「だぁー」と言うなど、対象と音が特定の結びつきを持って発せられ、周囲にもその意味が伝わる言葉としての音）よりも早くから、豊かに発せられる声です。

マインズ教授によると、アタッチメントが安定している子どもの養育者は、安定していない子どもの養育者よりも、赤ちゃんの頃に子どもが発していたいろいろな「音」を、意味のある「言葉」として捉えることが多いのです[4]。赤ちゃんの声は、無目的に、偶発的に発せられた「音」ではなく、だれかに向けて何かを言わんとしている、いや、実際に言っている「言葉」として扱われることが多いというのです。そこには、アタッチメントが安定している子どもの養育者が、発達状態としてはまだ幼い乳児をも、大人と同じように、豊かに感じ、考え、思いを周囲に伝えようとする心を持った、心的行為者であると見なすという姿勢が反映されています。

赤ちゃんの気持ちについてのおしゃべり

マインズ教授たちは、赤ちゃんに対する養育者の行動に注目し、くわしい研究を行いました。生後6カ月の赤ちゃんとそのお母さんが自由に遊んでいる場面を観察し、お母さんが赤ちゃんに対してどんな行動、どんな声掛けをするのかを調べたのです。もし養育者が赤ちゃんのことを「心を持った一人の人間」とみなしているのならば、赤ちゃんが見ている対象や見ている方向に応じた関わりを多くするだろうと予想されていました。日本語にも「目は口ほどにものをいう」とか、「目は心の窓」という表現がありますね。その他にも、赤ちゃんが心を持った存在であるとみなす養育者は、赤ちゃんとの遊びの中で、赤ちゃんの気持ちや考えについて話すことが多いだろうとも予想されていました。

研究の結果、まず、赤ちゃんの視線に応じた行動を示す母親は、赤ちゃんの気持ちについてのおしゃべりも多いというように、赤ちゃんの気持ちに応じるような行動は互いに関連しながら生起していました。そして、生後6カ月のときに赤ちゃんの気持ちについてよくおしゃべりをする母親である場合、その子どもは1歳になったときに安定したアタッチメントタイプを持ちやすいことが明らかになりました。また、「赤ちゃんの気持ちについておしゃべりをする」という母親の行動のほうが、同じく生後6カ月時に測定されていた母親の「敏感性」の状態よりも、赤ちゃんの安定したアタッチメント形成をより強く予測することが分かりました[5]。

こうした結果から、マインズ教授たちは「赤ちゃんの気持ちについておしゃべりする」という養育者の行動には「子どもの気持ちを気にかける傾向」が反映されており、安定したアタッチメントの発達には、養育者のこの姿勢が重要なのではないかと論じています。

子どもの気持ちを気にかける

「子どもの気持ちを気にかける傾向」というのは「マインド・マインデッドネス（mind-mindedness）」という表現を筆者なりに訳したものです。赤ちゃんの気持ち〈一つ目の名詞としてのマインド〉を、ついつい気にかけてしまう〈動詞としてのマインドの活用形のマインデッド〉大人の様子を表した表現です。なお、本章の最初に「お子さんはどんなお子さんですか？」という質問で紹介した、子どもの心理的、性格的側面を描写するという大人の特徴も、同じマインズ教授たちが着目したものでした。実はそこにも同じく「子どもの気持ちを気にかける傾向」が反映していると考えられています。

子どもの特徴描写については、幼児など、より年齢の高い子どもの養育者が研究されているのに対し、「子どもの気持ちについておしゃべりをする」行動は、生後6カ月前後という乳児期に注目されるものです。生後6カ月の赤ちゃんと遊ぶのは、正直、簡単なことではありません。赤ちゃんと大人では、コミュニケーションにおいて、できる行動が異なります。赤ちゃんはまだ自分で自分の気持ちを言葉にすることはできません。しかし、先述のように様々な声を出して「おしゃべり」をします。泣き声以外にも、いろいろな声を発しますし、歌うように、リズムをとるように声を出す様子も見られます。また、顔の表情も豊かですし、手や足を活発に動かしています。

養育者と赤ちゃんのやりとりでは、「これ、好きなの?」「これ、面白いのね。もう1回やろうか」とか、お花に手を伸ばす赤ちゃんに「触ってみたいのね」といった声掛けをする場面によく出会います。私が日本のお母さんと生後6カ月前後の赤ちゃんが自由に遊ぶ場面を観察させていただいた経験では、10分間の遊び場面で、平均して約10回くらい、お母さんは赤ちゃんの気持ちに関するおしゃべりをしていました。

研究では逐語録といって、やりとり場面で観察された会話をすべて書き出した記録を作るのですが、乳児期の場合、基本的には大人が一人でお話をする形になります。大人の発話と発話の間に、「あー」とか「うぅぅ」といった乳児の発声が、返事や呼びかけのように挟まる構造になることもよくあります。あるいは、乳児が声よりも動作で、大人の発話に応じたり、大人の注意をひきつけたりもします。そうした非言語的な表現も全部含めてのやりとりですが、その中で、大人が時折、赤ちゃんの気持ちについておしゃべりする、代弁するという様子は、非常に興味深い現象です。

それは、しなくてもよいことかもしれないし、そうするように教えられたわけでもないことだと思うのです。けれども、「赤ちゃんの気持ちを、ついつい気にかけてしまう」姿勢が、そうさせるのでしょう。赤ちゃんと遊ぶときに、赤ちゃんの気持ちを考えてしまう姿勢は、赤ちゃんのことを、「何か思ったり、考えたり、感じたりしているだろう」とみなしているからこそ、生まれてくるものです。

そして、それを赤ちゃんとのおしゃべりの中に表現する様子からは、いかに相手が幼くとも、人と人、一対一の人間関係を持とうとしている大人の姿勢がうかがえます。赤ちゃんであっても、会話の相手として向き合っているということを、赤ちゃん自身に伝えていく意味もあると考えられます。

4. 子どもと気持ちを交わし合う

最後に、「情緒的利用可能性」（Emotional Availability）を紹介します。難しい用語ですが、エインズワースらも、心理的、物理的に親が子どもにとって利用可能であるという点に注目していました。ここでは特に、「情緒的」な利用可能性を考えていきます。大人と子どものやりとりにおいて、感情は中心的なものです。大人が子どもの感情を感じることが、子どもへの受容的態度にも、子どもへの応答にもつながります。

アメリカで研究を展開しているビリンゲン教授らは、情緒的利用可能性という概念を実証的に検討し、大人と子どもの双方が、互いに影響を及ぼし合いながら、やりとりをつくりあげているという点を強調しています[6]。実際のやりとり場面を想像していただくと、子どもも大人も、お互いの感情状態に影響を受けたり、与えたりしていますよね。こうした視点から、お互いにとっての「情緒的利用可能性」が検討されており、大人の側に4つ、子どもの側にも2つの特徴が挙げられています。

子どもに対する大人の情緒的利用可能性

まず、大人の側の情緒的利用可能性の特徴は、「敏感性」「構造化」「侵入的でないこと」「敵意のなさ」の4つです。一つずつみていきましょう。

一つ目は、「敏感性」です。エインズワースらの敏感性と同じ表現ですが、内容として同じ点と、追加されている点があります。まず、子どもが発するシグナルに大人が気づくことは、同じく重視されています。子どもに不安や危機が生じてアタッチメント欲求が活性化したとき、子どもと一緒に子どもの感情を調整する相手として機能する、利用可能であるということを指しています。加えて、ビリンゲン教授らは、嬉しさや楽しさといった肯定的感情に気付き、それに応じることも、大切だと示しています。

さらに、子どものシグナルに気づくだけではなく、大人が自分自身の感情を子どもに対して表現することも、敏感性の大切な側面だと考えられています。やりとりの中で、大人自身が感じている、心からの感情を子どもに示すことで、子どもは大人の感情状態を知り、感じることができます。

一緒に縄跳びをしている先生が「楽しそうだな」とか、一緒に折り紙をしているおじいちゃんが「難しそうだな」とか、子どもにとって相手の気持ちの状態が分かると、やりとりが深まったり、スムーズになったりしますよね。両者の間に気持ちを交わすつながりがあり、互いが互いの気持ちを感じられること、感じられるようにすることが大切だということです。

二つ目は、「構造化」です。大人が子どもとやりとりを作るために、足場架けをしたり、やり方や方向を示したりすることです。子どもの様子に合わせて調整しながら、子どもを促したり支えたりすることを、教育学や心理学では「足場架け」と呼んでいます。子どもよりも、大人の方ができることや知っていることが多くあるでしょう。けれども、大人が一人で進めるのではなく、子どもの様子を見ながら、「一緒に」できるように、あるいは、「子どもが」行えるようにやりとりを作ることが、ここでは重視されています。子どもの様子に合わせながら、何をしようか、何を話そうかと、やりとりのテーマを選んでいくことや、遊びのやり方を示したり、理解が難しい様子があればやさしい示し方に変えたりすることです。

なお、子どもの様子に合わせて、難しい挑戦や話題を提案することも「構造化」に含まれます。そういった挑戦をするときも、子どもを一人にせず、一緒にやりとりを作っていこうとする大人の姿勢に、情緒的利用可能性があると考えられています。

三つ目は、「侵入的でないこと」です。子どもがやろうとしていること、やりたいと思っていることを尊重し、大人が子どもの妨害や制限をしない姿勢を指します。また、子ども自身が一人でできること、一人でやろうとしていることに、大人が過度に関わったり、子どもの代わりにやってしまったりすることも、子どもにとっては踏み込まれすぎたと感じるものでしょう。子どもが必要としていないときには関わらないで見守る、ということが大切です。

しかし、これは、大人にとっては難しいものですね。つい手も口も出したくなります。大人がやってしまった方が早く確実に進みますし、大人としては、何かを「する」方が、「子どものためにやっている」感覚を味わいやすいということもあります。子どもの意図や感情を尊重するという意識を持つことが、子どもへの無遠慮な手出しや口出しを自制する助けになりますが、私自身も大いに反省することばかりです。

四つ目の「敵意のなさ」というのは、少々強い表現に聞こえますね。「敵意」には、否定的感情、怒り、苛立ち、冷たさ、侮辱、軽蔑などの気持ちが含まれています。現実の場面においては、子どもに対する難しさを感じることもあるでしょう。それでも、大人が終始不愉快で苛立った態度や冷たさを示していると、子どもにとってその大人は、情緒的に利用可能ではなくなってしまいます。

もちろん、子どもに否定的感情を全く持たないことが求められているのではありません。

前章でも触れましたが、「この行動」、「この言葉」に対して怒ることと、子どもという存在そのものに苛立つことは、大きく異なります。

大人に対する子どもの情緒的利用可能性

互いが相手にとって情緒的に利用可能でいる、という視点からやりとりを眺めていくと、大人だけではなく、子ども側の様子や行動の状態を見ることも大切になってきます。ビリンゲン教授は、子ども側の情緒的利用可能性に関して、「大人をやりとりに引き込むこと」と「大人のはたらきかけに応えること」の二つを挙げています。

前者は、子どもが大人に話しかけて、遊びや会話、やりとりに誘うなど、大人の関心を惹きつけるような様子を指します。子どもも、自分自身の気持ちや考えを大人に示すことで、一緒にやりとりを作っています。

後者は、大人が子どもに話しかけたり行動を示したりしたときに、それに対する反応をすることです。大人の提案を受け入れるという意味ではなく、それは嫌だ、とか、別の遊びがいいというような反応も、当然、ありえるでしょう。子どもが自分の気持ちを表しながら、一緒に遊びを作っていく姿勢が、この側面においても大切にされています。

助け合ってやりとりを作る

このようにビリンゲン教授は、大人と子どもの双方にとっての情緒的利用可能性に着目しています。そこで、やりとりの特徴を捉えるためには、単純に大人がこうした、子どもがこうした、という観察だけでは十分ではありません。例えば大人について、個人が何かをするかどうかが重要なのではなく、それがやりとりの相手である子どもにとって必要十分であったのか、利用可能なものであったのか、という点が重視されます。

子どもの行動についても、然りです。子どもが個人としてどう行動するかが、情緒的利用可能性の特徴になるのではないのですね。やりとりの相手に対して必要十分な程度に、誘ったり応えたりしているかどうかを、研究では見ていくことになります。同じ子どもでも、関わる相手が違えば、違う反応を示すことがよくあります。

例えば、複数の子どもたちと接する先生は、それぞれの子どもに応じた十分な関わり方を工夫されていますね。家庭の養育者も、きょうだいそれぞれに応じて関わることがあると思います。ビリンゲン教授の提案する情緒的利用可能性は、そのペア間におけるハーモニーや情緒的な相互性の大切さを教えてくれる、面白い視点だと感じます。

5．メンタライジングという姿勢

本章では、安定したアタッチメントの発達を支える大人の特徴についての研究を紹介しました。いずれもエインズワースが提唱した「敏感性」とつながりがあるために、いくらか似たような視点や表現を持っている概念であったと思います。

最近の検討では、子どもの安定したアタッチメントの発達を支える大人の姿に通底するものとして、メンタライジングという姿勢が注目されています。メンタライジングは心理学や発達科学などでよく用いられる言葉で、「心を使って心を考える、心を思う、心を扱う」ことを指します。

一般的に、メンタライジングは、いわゆる他者理解、他者の感情を理解すること、他者の欲求や信念や考えを理解することを指すものとして使用されます。これは私たち人間が持つ、とても高度な社会的認知能力です。心は見ることも触れることもできませんから、それは相手の行動や、表情や、視線や、体のちょっとした仕草から、察するしかありません。けれども、他者もまた自分と同じく心なるものを持ち、心なるものを動かして生きていることを理解し、皆で心を交わしながら生活しています。

メンタライジングについて、特に「能力」としての状態を指して、感情理解能力や信念理解能力の研究が展開されています。ただ本章では、誰かの心の状態を正しく読み取る「能力」というよりも、そもそもそんなふうに、私たちが己の心によって、他者の心なるものを思うこと、そして自分の心についても思うことに注目します。

イギリスの大変著名な精神分析家であり、アタッチメントをはじめ人間の心理的発達に関する実証研究も数多く行っているフォナギー教授らは、著書においてメンタライジングを「hold mind in mind」と表現しています[7]。書籍を翻訳された上地雄一郎先生らは、これを「心で心を思うこと」と美しく表現されました[8]。

本書では、メンタライジングはそのままカタカナ表記していますが、その意味は、自分の心で、自分や誰かの心を思うこと、自分や誰かのうちにある心を見ようとすることだと捉えていただきたいと思います。

大人の心で子どもの心を思う

「敏感性」の再考議論を経て、現在では、子どもの安定したアタッチメントを支えている大人は、このメンタライジングの姿勢を持っていると考えられています。子どもの欲求に応えることの背景にはまず、子どもの心を思うという姿勢があるからです。そして、子どもの欲求に応えるかどうかということよりも、子どもの心を思っているかどうかということが、まず大切だと考えられるのです。

本章で紹介した「お子さんのことを教えてください」（マインド・マインデッドネス）や「お子さんはどんなことを思ったり、考えたり、感じたりしていると思いますか？」（洞察性）という質問は、子どものことを考えるとき、子どもの心の様子、心の動きに目を向けるかどうかという、大人のメンタライジングに着目するものです。幼い乳児の心の状態についておしゃべりすること（乳児へのマインド・マインデッドネス）や、やりとり場面における情緒的利用可能性においても、大人が発話や行動をするときに、子どもの行動の背景にある子どもの感情や思考といった心の状態を考える姿が着目されています。

メンタライジングは、子どもとの関係でなくとも、およそあらゆる人間関係において、いつも重要な役割を持っています。相手の心の状態を思い、考え、推測しながら話すこと、自分自身の感情や思考状態をモニターし、調節し、相手に伝えたり、伝えなかったりすることは、大人同士のコミュニケーションにおいてもとても重要な事柄です。ただし、子どもとの関係においては、それだけではない重要な意味があると考えられます。なぜならば、大人と違って、子どもの心は、それ自体が成長の途中にあるからです。大人の心によってどのように扱われ、考えられ、思われるかということが、子どもの心の育ちにいろいろな影響を持つと考えられるのです。安定したアタッチメントの形成という発達は、その代表的なものです。

続く第4章では、生後間もなくから始まる赤ちゃんと大人のやりとりに着目し、赤ちゃんの心を思う大人の心の様子と、それが赤ちゃんに及ぼす影響について考えます。

1 Meins, E., Fernyhough, C., Russell, J., & Clark-Carter, D. (1998). Security of attachment as a predictor of symbolic and mentalising abilities: A longitudinal study. Social development, 7(1), 1-24.

2 Oppenheim, D. & Koren-Karie, N.(2002). Mothers' insightfulness regarding their children's internal worlds: The capacity underlying secure child-mother relationships. Infant Mental Health Journal, 23(6), 593-605.

3 Koren-Karie, N., Oppenheim, D., Dolev, S., Sher, E.,& Etzion-Carasso, A. (2002).Mothers' insightfulness regarding their infants' internal experience: Relations with maternal sensitivity and

infant attachment. Developmental psychology, 38(4), 534-542 .

4 Meins, E. (1998). The effects of security of attachment and maternal attribution of meaning on children's linguistic acquisitional style. Infant Behavior and Development, 21(2), 237-252.

5 Meins, E., Fernyhough, C., Fradley, E., & Tuckey, M. (2001). Rethinking maternal sensitivity: Mothers' comments on infants' mental processes predict security of attachment at 12 months. Journal of Child Psychology and Psychiatry and Allied Disciplines, 42, 637-648.

6 Biringen, Z., Derscheid, D., Vliegen, N., Closson, L., & Easterbrooks, M. A. (2014). Emotional availability (EA): Theoretical background, empirical research using the EA Scales, and clinical applications. Developmental Review, 34(2), 114-167.

7 Allen, J. G., Fonagy, P., & Bateman, A. W. (2008). Mentalizing in clinical practice. American Psychiatric Pub. Division: Allen, J. G., Fonagy, P., Bateman, A.W. (2009). Mentalizing in Clinical Practice. American Psychiatric Association, Inc.Washington D.C.

8 J．G．アレン、P．フォナギー、A．W．ベイトマン（著）、狩野力八郎（監修、訳）・上地雄一郎・林創・大澤多美子・鈴木康之（訳）、（２０２２）、メンタライジングの理論と臨床：精神分析・愛着理論・発達精神病理学の統合（再版）、北大路書房.

コラム 3

朝のお着替え、お昼のおかわり

朝、イマイチ調子が出ない日って、ありますよね。大人にもありますし、子どもにもあるのだと思います。大人は頭が痛いとか、体が重いとか、プレゼンが緊張するとか、何かしら言葉でイマイチの理由を説明したり考えたりすることができます。ただ、子どもはまだそんなふうにはしませんし、そんなふうに言葉で親に表現することもありません。我が家の場合、イマイチな朝の子どもの表現方法は、「着替えない」でした。

もっとも、最初からそれがイマイチの表現だと気づけたわけではありません。子どもが3歳の頃、保育園に行く時間になってもとにかくパジャマから洋服へと着替えない、という日が続きました。熱があるわけでも、咳が出ているわけでもなく、朝ご飯は普通に食べるし、お話もいつも通りするのですが、どうしたってお着替えをしないのです。

洋服が気に入らないのかしら、ズボンが嫌なのかしら、といろいろ工夫してみても、かたくなにパジャマを脱ごうとしません。とはいえ、朝の出発の時間は迫ってきます。どう話しても、どう手伝っても、押しても引いても着替えない日は、パジャマで登園したこともあります。ならばいっそ、夜寝るときから洋服を着ておけばいいんじゃない？　という禁じ手を提案しましたが、寝るときはパジャマがいいとのこと。それはそうですよね。そんなこんなで、ある日は説得の末に、パジャマから別のパジャマに着替えて登園したこともありました。

保育園に着く頃には、親も子どもも、すでにほうほうの体《てい》です。先生にかくかくしかじかとお話をすると、「あっはっはー！」「それは○○ちゃんも頑張ったね。お母さんもお疲れ様！」と太陽のように明るく笑ってくださり、何度気持ちが救われたことか。あまりに着替えないので、職場の子育て先輩にそのことをおしゃべりしてみました。すると、「あー、着替えるってことは、保育園に行くってことだもんね。それが分かってるんだろうね。なんか、行きたくないんだろうね」とお話ししてもらえたのです。

あぁ、そういうことか！　と目からうろこでした。なるほどね、保育園に行きたくなかったわけね。洋服を工夫したり、着替えることの意味を説明したりしても、子どもにとっては全く響きもしないはずです。もう、パジャマでもなんでも、気分がイマイチな日なのに、頑張って園に行くこと自体がすごいことじゃないかという気分になってきます。

着替えたり着替えなかったりしながら、登園することしばし。子どもにとって楽しみな行事もあり、通園にもいいリズムが出てきた頃、件の太陽のようなクラスの先生から、「お母さん、ごめんね」と言ってお話がありました。その日の給食の献立には、我が家の子どもが大好きなミニトマトがあり、子どもはいち早くお皿の給食を食べ終えて「トマト、おかわり!」と手を挙げたそうです。そのとき、その先生は子どもに、「お着替えしてないパジャマのお友達は、おかわりできないのよ〜」と話してくださったとのことでした。

先生は、「可哀そうだと思いつつ、お母さんも毎朝、お着替え頑張っている様子を見ていましたから、そろそろ大丈夫かなと思って」とその日の出来事を教えてくださり「今日、もしおうちにミニトマトがあったら、夜ご飯にたくさんあげてください!」と付け加えてくれました。

もとより給食が大好きで、トマトに目がない子どもにとって、この日の出来事はまさに「がーん」とかなりショックだったようです。夜ご飯にミニトマトを追加したものの、それとこれとは別だということで、翌日からはもう二度と、パジャマで登園することはありませんでした。

それからしばらく経ったある休日の午前中、パジャマのままソファでごろごろしている父親に向かって、仁王立ちをした子どもが言いました。「パパ！　パジャマの人はおかわりできないんだよ！」え？　何のこと？　とパパの頭上には大きな「？」が浮かんでおりましたが、子どもにとって、あの日の「ミニトマトおかわりできない事件」は、やっぱり響いていたのでしょうね。

本当は、気分がイマイチな日も、園に行きたくない日もあるけれど、毎日、お着替えをして、頑張っているんだよね。子どもの背中が少し大きくなったように思えた朝でした。

第4章

子どものこころはどこにある？

赤ちゃんへのマインド・マインデッドネス

本章では、大人が子どもの心を思うこと、特に幼い赤ちゃんの心を思うことが、子どもの心の発達にどのように関係してくるのかを考えていきます。私たちは皆、赤ちゃんとして生まれ、必要な時間をかけて発達をしていきます。大人が赤ちゃんの心に向ける姿勢や特徴は、日々のやりとりに反映されながら、赤ちゃんの育ちを支えています。以下では筆者が行った研究も例に挙げながら、赤ちゃんへのメンタライジングについて考えます。

1．赤ちゃんの心をイメージする

「赤ちゃんの姿をイメージしてください」と言われたら、多くの方が、小さく、丸い姿かたち、眠っている、泣いている、あるいはミルクやおっぱいを飲んでいる様子などを思い浮かべるかと思います。

それでは「赤ちゃんの心をイメージしてください」という問いに対しては、どうでしょうか。心なるものは端から目に見えず、触れられないものですから、答え方が難しいかもしれませんね。そこで、筆者はこれまで、赤ちゃんの心について、大人がどう考えているのかを探るために実験をしてきました。その一部を紹介しましょう。

赤ちゃんビデオ実験

筆者は、1歳未満の赤ちゃんがいるご家庭にご協力いただき、お家の中で普段通りに過ごしている、ごくごく日常的な赤ちゃん、もしくは赤ちゃんとお母さんの様子をビデオで撮影しました。そして、例えば「おもちゃで遊ぶ」「ミルクを飲んでいる途中でぐずる」といった場面について、数十秒程度のビデオクリップを複数作りました。

そのビデオを、赤ちゃんの親ではない、いろいろな大人に見てもらい、ビデオに出てくる赤ちゃんの心の状態について質問をしました。一つひとつのビデオについて、ビデオの中に出てきた赤ちゃんは、何か思ったり、考えたり、感じたりしていると思うかどうかを尋ねたのです。

この赤ちゃんビデオ実験に参加し、ビデオを見て質問に答える大人のことを、以下「実験参加者」と呼びます。実験参加者には、二種類の回答方法を用意しました。一つ目の方法では、参加者が赤ちゃんの気持ちについて感じたこと、思ったことを自由に話してもらい、その内容を記録しました。ただ、赤ちゃんには何かしら心の状態がありそうだけれども、具体的に「こう」と話すのは難しい、という参加者のご意見がありました。そこで、二つ目の回答方法として、赤ちゃんが何かしら心を持っている、気持ちを持っていると思う程度を1～8の数字で答えてもらうことにしました。1が「全く持っていないと思う」、8が「明確に持っていると思う」です。なお、実験では「心」という表現の代わりに、より日常的な「気持ち」という表現を使いました。

赤ちゃんに気持ちはある?

この実験に参加いただいたのは、子育て中のお母さんたち（以下、養育者群）と、子育ては未経験の学生さんたち（以下、非養育者群）、それぞれ60名弱の方々です[1]。

まず、五つの赤ちゃんビデオに対して、赤ちゃんが何らかの気持ちを持っていると思うかどうかを数値（以下、評定値）で答えてもらいました。その結果、養育者群の評定値の平均は5・97点、非養育者群は5・48点でした。1～8の整数を一つ選んで回答してもらいましたので、4・5点を基準として考えました。評定値がこれより小さい場合は、ビデオを見た参加者にとって「赤ちゃんが気持ちを持っているとは思えない」、これより大きい場合は「赤ちゃんが何らかの気持ちを持っていると思う」、ということを意味します。

今回の実験では、両群ともに4・5点よりも統計的に有意に高い評定平均値が得られました。このことから、養育者群も、非養育者群も、全体としてはビデオで示された赤ちゃんが「何かしら気持ちを持っていると思う」という肯定的な姿勢を持っていたと考えられます（図4－1）。とはいえ、8点満点中のせいぜい5点台の平均値ですから、それほど高い評定値ではありませんね。「赤ちゃんは何か気持ちを持っていそう……」という、控えめな反応のようです。皆さんなら、何点をつけるでしょうか。

次に、ビデオに登場する赤ちゃんがもし何か気持ちを持っていそうであれば、どのようなものだと思うかを、実験参加者に自由に話してもらった結果を紹介します。この集計では、参加者の回答の中に赤ちゃんの気持ちを説明する言葉が出てきたら、それを1回として数えました。例えば、「赤ちゃんは、すごく楽しかったんじゃないかなと思います」という回答があれば、赤ちゃんの「楽しかった」という感情に触れていますので、この部分で1回となります。一つのビデオに対して「このおもちゃに興味がある感じなんですが、自分で触るのは怖いと思っている」という回答の場合は、「興味がある」という気持ちと、「怖い」という別の気持ちの説明がありますので、2回と数えます。

このようにして5つの赤ちゃんビデオに対する回答の合計を平均すると、養育者群では9・03回、非養育者群では7・34回という結果でした。これは5つのビデオに対する回

図4-1　赤ちゃんの気持ちの存在に対する8段階評定の平均値

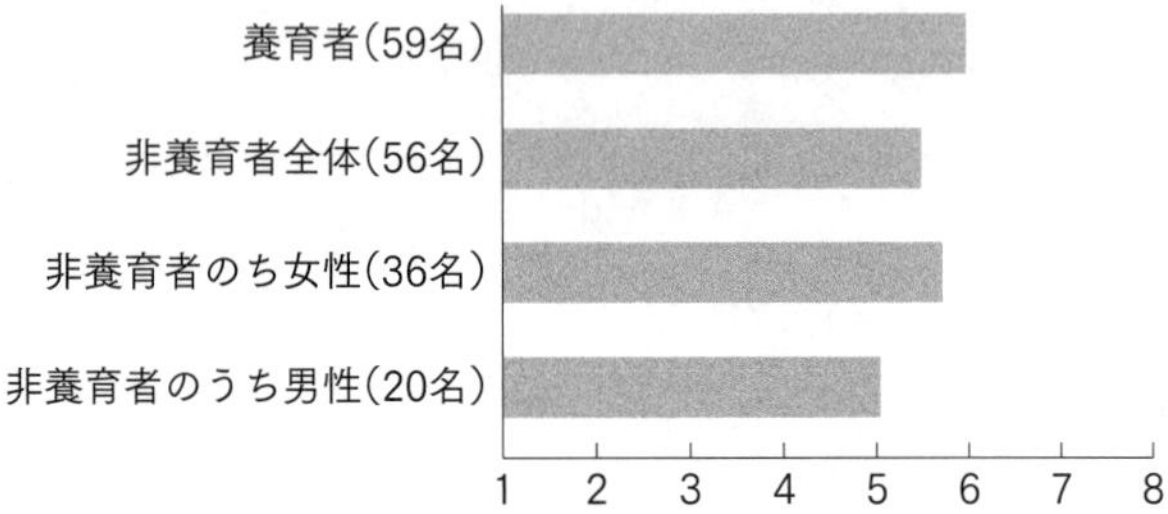

1＝「気持ちを全く持っていないと思う」から
8＝「気持ちを明確に持っていると思う」までの評定値の平均

図4-2　5つの赤ちゃんビデオから気持ちを読み取った回数の合計（平均値）

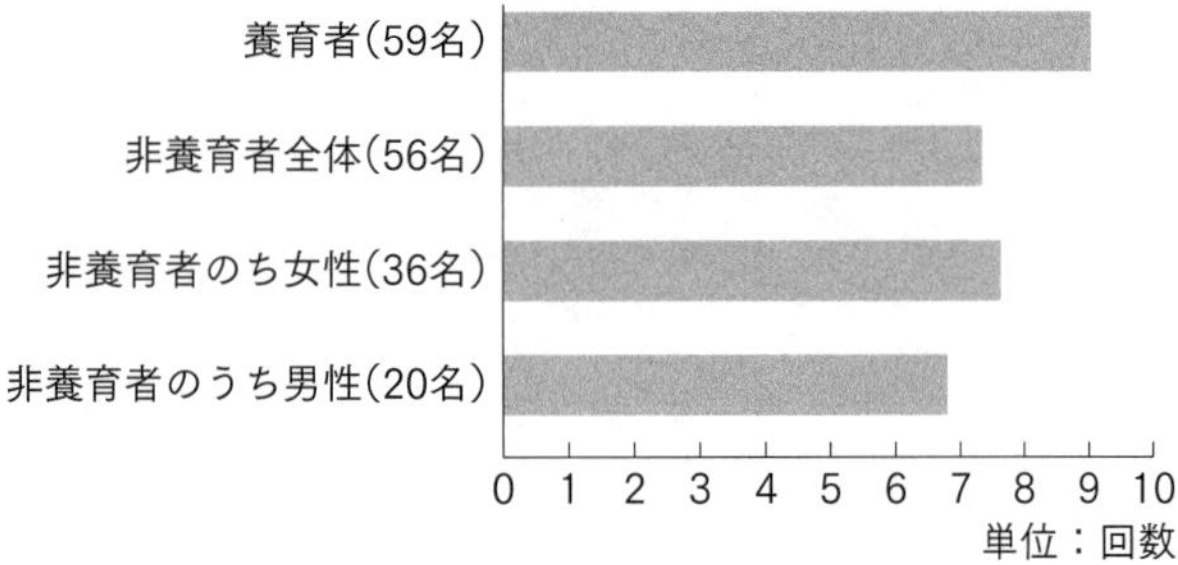

出所：Shinohara & Moriguchi（2017）に基づき筆者作成

答合計数の平均値です。一つの赤ちゃんビデオあたりで考えると、お母さん方は二つくらい、赤ちゃんと接した経験のない大人でも一つ以上は、何かしら赤ちゃんの気持ちを具体的に読み取っているという結果が得られました（図４-２）。

見る人によって違う、赤ちゃんの心

実験結果から、大人は、赤ちゃんの行動を見たり、声を聞いたりすると、その赤ちゃんが何か心なるものを持っていると考える傾向があると考えられます。なお、この実験において、ビデオに登場した赤ちゃんの気持ちの状態に関する正解はありません。「正解」は赤ちゃん本人に聞いてみなくては分かりませんし、もしかすると本人にも分からないことかもしれません。この実験は「正しく」赤ちゃんの気持ちを読み取る能力ではなく、そもそも赤ちゃんの行動に対して心の存在を想定するかどうか、という大人の姿勢に着目したものです。そして結果からは全体として肯定的、すなわち、大人は「赤ちゃんも心を持つ心的行為者である」と考える傾向が見えました。

ただ、この実験を通してもう一つ興味深く思われたのが、赤ちゃんビデオへの反応には、大人の間でも個人差が大きいという点です。全く同じ赤ちゃんビデオを見ても、見る人によって、その赤ちゃんの内側に想定する心の存在、心の状態は異なっており、そのことが私にはとても面白く感じられました。そこで、赤ちゃんの心は見る人によって異なる、という点をさらに分析した結果を紹介します。

子育て経験による違い

非養育者群と示した大人のグループは、子育て経験を持たない大学生、大学院生の方々で、男性と女性が含まれていました。一方、養育者群はすべてお母さん方でした。

そこで、子育て経験の有無と、実験参加者の性別によって、赤ちゃんビデオ実験への回答結果に違いがあるのかを検討しました。まず、非養育者群の中で、男性の回答と、女性の回答を比べます。「心を持っていると思うか」の評価点の平均値について、女性の方は5・71点であるのに対して男性は5・04点でした。先ほどと同じように、基準点である4・5点よりも統計的に有意に高いかどうかを調べたところ、女性においてのみ、赤ちゃんは何らかの心を持っていると思うという肯定的姿勢があることが認められました。

次に、お母さんたちの反応と、非養育者群の中の女性の評定値には違いがあるのかを比較すると、統計的に意味のある違いはありませんでした。一方、お母さん方と非養育者群の中心を持っていると思う様子が示されました（図４‐１）。

さらに、赤ちゃんの気持ちを自由に読み取ってもらった回答では、養育者群、非養育者の女性、非養育者の男性の順に、回答が多いことが分かりました。そして、お母さん方は非養育者の女性よりも、また、男性よりも多く、赤ちゃんの気持ちを読み取っていることが分かりました。なお、非養育者群の女性と男性には統計的に意味のある違いはありませんでした（図４‐２）。お母さん方について、ご自分のお子さんが一人か、二人以上かによる違いも検討しましたが、そこに違いは認められませんでした。

まとめると、赤ちゃんの気持ちの存在がどの程度明確であると感じるかについての評定値は、男性と女性との間で差があり、女性の方がどちらかというと明確に心の存在を感じるという傾向がありそうです。男女間の違いの背景は、この実験からだけでは解釈が難しいのですが、先行研究では、全般的に女性の方が男性よりも赤ちゃんの顔や声に敏感に反応することが知られています[2]。

一方、赤ちゃんに対して、具体的な内容を伴う心の状態を感じることは、赤ちゃんと接する経験によって違いがあり、今現在、赤ちゃんを育てているお母さん方の方が、より多くの内容にわたる赤ちゃんの気持ちを報告してくれました。日頃、赤ちゃんと一緒に生活しているお母さん方にとって、「赤ちゃんがこういうときはこういう心の状態かな」というようなことを考える、感じる経験の豊富さが背景にあるとも考えられます。あるいは、お母さん方の方が、ビデオの中の赤ちゃんの行動や表情、声の変化によりこまやかに気づき、それぞれのときの赤ちゃんの気持ちを報告してくれた可能性も考えられます。

今回の実験では、分析をするために十分な人数のお父さん方にご参加いただくことができませんでした。育児経験を持つ男性の回答はどんなものかは、とても気になるところです。赤ちゃんの心は、絶対的にそこにあって、誰もが同じように分かる、感じるというわけではないという結果は、筆者にとっては興味深いものです。そして、赤ちゃんと過ごす養育経験を通して、赤ちゃんが心について大人に教えてくれているように思われる点も、面白く感じます。

お母さんたちの間での違い

子育て経験の違いによる影響を紹介しましたが、実は、赤ちゃんを育てているお母さん方の間にも、個人差があります。筆者の研究をもう一つ紹介します[3]。

先ほど紹介した実験と同じ赤ちゃんビデオを、生後6カ月の赤ちゃんを育てている40名程度のお母さん方に見ていただきました。赤ちゃんビデオに登場するのは、すべてのお母さん方にとって、自分の子どもではない、初めて見る赤ちゃんです。実験では五つの赤ちゃんビデオを見てもらい、赤ちゃんが具体的にどんなことを思っている、感じている、考えていると思われるかを、自由にお話ししてもらいました。そして、赤ちゃんの気持ちについて説明した言葉の数を数えました。

その結果、お母さん方の平均としては、先の実験結果と同様に、一つの赤ちゃんビデオについてだいたい二つ程度、気持ちが読み取られていました。しかし、この実験で筆者にとって面白く感じられたのは、赤ちゃんの気持ちを回答した数に大きなばらつきがあったことです。五つのビデオに対し、一番多かったお母さんは二十の気持ちを回答し、一番少なかった方は二つの気持ちを回答しました。

全く同じビデオを見ても、しかも、皆さんが赤ちゃんを育てているお母さんであるという共通性があってもなお、赤ちゃんの気持ちというのは、見る人によって見え方、感じ取られ方が違うということは驚きでした。

赤ちゃんの気持ちの読み取り

そこで次に、赤ちゃんビデオから気持ちを読みとることは、それぞれのお母さん方の実際の子どもである赤ちゃんとの日常のやりとりに、関係しているのかを調べてみました。

まず、赤ちゃんビデオ実験を行ったのと同じ時期、実験に協力してくださったお母さん自身のお子さんが生後6カ月のときに、親子の自由遊び場面を観察しました。各家庭にビデオカメラを持ってお邪魔し、それぞれのお家でいつも通りのお母さんと赤ちゃんのやりとりや遊びの様子を撮影しました。

そして、お母さんが赤ちゃんに向けて話したことを全部書き出し、そのうち、お子さんの気持ちについて話しているもの（感情、意図、欲求、思考など、赤ちゃんビデオ実験で分析対象としたものと同じ、心の状態を表す言葉たち）をピックアップしました。例えば、「これ好きだねー」とか「こっちから車が来ると思ったの?」といったような、お母さんによるお子さんの気持ちや考えに触れるおしゃべりです。

そうすると、だいたい10分あたり平均して10回程度、赤ちゃんの気持ちに関するお母さんのおしゃべりが観察されました。そして、ビデオ実験で赤ちゃんに対してより多くの気持ちを読み取っていたお母さんほど、ご家庭でご自分のお子さんと遊ぶときにも、お子さんの気持ちについてより多く話していることが分かりました。逆も然りで、赤ちゃんビデオに対する回答が少なかったお母さんは、ご自分のお子さんとのやりとり場面でも、お子さんの気持ちに関するおしゃべりの回数が少ない様子が見られました。

筆者は、この実験に参加いただいた親子を、お子さんが4歳になるまで継続的に観察し続けました。約40組の親子について、生後9カ月、1歳半、2歳、3歳、そして最後の訪問となった4歳のときまで、半年ないしは1年に1回の家庭訪問を行い、その時々のやりとり場面を記録して分析しました。長きにわたり、ご協力をいただいたご家庭には、感謝しかありません。お子さん達はどんどん大きくなり、その成長に感動する追跡調査でした。

お母さんがお子さんの心の様子に関するおしゃべりをする量を、全5回のやりとり場面の記録から書き出しました。その結果、どの時期でも、子どもが何歳のときであっても、生後6カ月時の赤ちゃんビデオ実験でたくさんの気持ちを読み取ったお母さんは、自分のお子さんの気持ちについてたくさんおしゃべりしていることが分かりました[4]。

お母さんたちに対する調査結果をまとめると、赤ちゃんの心をどのように、どの程度読み取るのかという姿勢には、お母さんの間でも個人差があること、そして、赤ちゃんにこうしたメンタライジングをしやすいお母さんは、子どもが4歳になるまでずっと、自分の子どもの心の状態に触れるおしゃべりを豊富にしていたことが示されました。

2. 赤ちゃんの気持ちを整える

こうした親子間の特徴の違い、やりとりの経験は、子どもの発達においてどのような意味を持ってくるのでしょうか。ここからは、赤ちゃんの心の育ちとの関連を考えていきます。

第1章では、アタッチメント関係について赤ちゃんの「安心感の輪」(図1-2／53頁)のイメージに基づいて、小さな赤ちゃんにも安心感の輪がちゃんとあることを示しました。ただ、小さい赤ちゃんの身体能力、そしてコミュニケーション能力は発達途中です。輪の上半分の探索行動や、輪の下半分のアタッチメント行動(不安や不快を感じたとき、感じそうなときに、大人に近接する行動)とその背景にある欲求は、必ずしも分かりやすい形で明確に表現されるとは限りません。「見えやすい」形で表現されない分、大人の側に、赤ちゃんの欲求を見つける、認めるということが求められます。このとき、大人が赤ちゃんの心の状態に目を向けるメンタライジングが、大切になってくると考えられます。

赤ちゃんの「安全な避難所」になる

図１‐２（53頁）の輪の下半分、赤ちゃんが大人の「安全な避難所」という機能を必要としている場合を考えてみましょう。赤ちゃんが不安、不快を感じているとき、赤ちゃんが示しうる顕著なシグナルは「泣き」でしょう。赤ちゃんは困ったこと、怖いことがあっても、まだ自分で動くことができませんから、自分自身で不快や恐怖の原因から遠ざかる、あるいはその原因を取り除くことができません。誰かにどうにかしてもらわないことには、いかんともしようがないわけです。

赤ちゃんの泣きは、周囲の大人を強力に引きつける「コール」（呼び出し）になります。赤ちゃんが泣けば、誰しも「泣いてる！」と聞きつけ、近寄り、赤ちゃんの様子をあれこれ探ろうとするでしょう。そうして、不快の原因が取り除かれたり（濡れて気持ちの悪いオムツを替えてもらったり）、不快の原因を遠ざけてもらったり（冷たい風があたる場所から移動させてもらったり）すると、赤ちゃんは「ふぅ、よかった」とでも言いたげに、泣きやみ、呼吸が落ち着き、にこにことご機嫌を取り戻すでしょう。

赤ちゃんにとっては特に、自分の「コール」を聞いて駆け寄ってくれ、自分のまわりの不快の原因を探し、それを取り除いてくれる存在は、生きていく、生き延びていく上で絶対に必要です。そしてアタッチメントにおいて重要なことは、こうした物理的な問題解決とあわせて、赤ちゃんの気持ちに寄り添い、赤ちゃんの気持ちと共にありながらそれを整えることを、大人が一緒になって日々行うというプロセスにあります。

一緒に気持ちを整える

気持ちを整えることを、心理学では感情調整とか、感情制御などと呼びます。「制御」という表現の方が研究では多く用いられますが、「抑える」というイメージを伝えてしまいやすいので、筆者は「調整」という表現を使用したいと考えます。悲しみ、怒り、喜びなどのいろいろな感情を経験することは当然であり、生きていく上で、むしろとても大切なことです。それらを押さえつけるのではなく、その場その場での感情を適切な強さ、長さ、表現に調整するというイメージを持っていただければと思います。

さて、アタッチメント関係は、赤ちゃんの気持ちを大人が一緒になって整える、協同で行う赤ちゃんの感情の調整プロセスと考えることができます。赤ちゃんは、不快の原因をただ除去してほしいだけではなく、この嫌な気持ちをどうにかしたくて、どうにかしてほしくて泣いているのではないでしょうか。

大人は赤ちゃんに、やがては自分で不快の原因を除去できるように、対処できるようになってほしいと思ってはいます。けれども、もっと大切なことは、嫌なことや怖いことがあっても、それに呑み込まれてしまわないでほしい、嫌な気持ちのとき、怖い気持ちのときも、何とかなる、何とかできるということをおなかの底で信じて、何とかしようとするちからを持ってほしい、そういうちからを育てたいということではないかと思うのです。

とはいえ、小さな赤ちゃんのオムツ替えや抱っこのときに、こんな大層な、生きていく上で重要なちからを育てようなんて、考える人はいないでしょう。私も「気持ち悪さに負けるなー！」なんて思いながらオムツ替えをしたことはもちろん、ありません。そうなのですが、案外、赤ちゃんの気持ちへの寄り添いと、大人と一緒に気持ちを整えようとする日々のことは、ちゃんと子どもの中で、自分の気持ちと一緒におだやかに生きていく姿につながるように思うのです。

赤ちゃんの気持ちを映し出す

先の章でメンタライジングの研究者として紹介したフォナギー教授による、面白い解説を紹介しましょう。赤ちゃんが泣いていて、何とかしてあげたい、というような場面を経験したことのある方は多いでしょう。さてそんなとき、ご自分はどんな顔をしていると思いますか？　実際の場面では赤ちゃんを見るのに精一杯で、自分の顔なんて構っていられないでしょうけれども、フォナギー教授たちは、大人の顔にも注目しています。

例えば赤ちゃんに何か嫌なことがあって、泣いているとします。その赤ちゃんを抱き上げた大人はきっと、「おー、泣いてるの。どうしたの、何が嫌だったかなー」なんて言いながら、大人自身も、眉を下げ、口をへの字にして、悲し気な、嫌なことがあったような表情をしていることが多いのです。大人自身は気づきにくいのですが、大人の顔には、向き合っている赤ちゃんの表情が、まるで鏡のように映し出されているということがあるのですね。これは、「ミラーリング（映し出し）」と呼ばれている現象です。

このミラーリングを通して、赤ちゃんは、まさに鏡を見るように、自分自身の気持ちの状態を大人の表情の中に見つけることができると考えられています。さらに、大人は赤ちゃんに「泣いてるの。何か嫌なの。何が嫌だったかなー」など、話しかけながら関わります。大人は「嫌なの」というように、子どものそのときの気持ちを言葉で表現して、子どもに示し返すということを、日常的に行っています。こうしたことが赤ちゃんにとっては、自分自身の心の動きに気づき、その心の動きを「扱う」ということの学びになっているのです[5]。

大人よるミラーリングや感情の言語化は、子どもが楽しい気持ちのときにも、もちろん行われます。大人と乳児の情緒的やりとりの研究を重ねたスターン教授は、「情動調律」と呼ぶ特徴を見つけています。大人には、表情や言葉だけではなくて、声の調子、高さ、眉や口、体の動きなどに、子どもの気持ちと同調するような特徴があるのです。赤ちゃんが楽しそうにはしゃいでいるとき、それに応じる大人の声のトーンも高くなり、抑揚がついて、行動も表情も大きくなるでしょう。反対に、赤ちゃんが悲し気にメソメソとしているとき、大人の声も低く、落ち着いたトーンで、動きも表情も控えめになると思います。

大人は、赤ちゃんの気持ちを読み取るだけではなく、体全体で、言語も非言語も使って、赤ちゃんの気持ちを共に味わい、共に表現していると思われるのです。それは、赤ちゃんが自分自身の気持ちを、赤ちゃんが見つめる大人の顔、言葉、全身の表現の中に見つけ、知ることにつながっていく大切な機会になります。

赤ちゃんの気持ちを抱える

赤ちゃんと関わる大人は、赤ちゃんが経験している感情状態を表現しているわけですが、実は、そっくりそのまま「真似」しているわけではありません。例えば、窓の外にとどろく雷の音に驚いて、赤ちゃんが大泣きをしているという場面を考えてみましょう。

大人は、赤ちゃんを抱き上げて「わー！　びっくりしたね。大きな音だったね、怖かったね」と、同じようにびっくりしたり、怖がったりして、声で共感を示すと思います。けれども大人は、赤ちゃんに共感しつつ、しかし、赤ちゃんと同じようには泣き叫んだりはしません。きっと大人は「大丈夫よ、あれは雷っていうのよ。大きな音だったね。もうすぐやむよ。おうちの中に入っていようね」と、赤ちゃんを慰め、恐怖や驚きの対象を説明し、解決策を示すことと思います。

赤ちゃんは、まだ自分で自分の気持ちを整えることを、一人でなすことができません。強烈な、特に否定的な感情が喚起されたとき、自分のうちに起こった強い反応（それがまさに感情と呼ばれるものです）を鎮静化することは難しいのです。ですから、大人の助けを必要としています。

赤ちゃんがおびえていても、大人が落ち着いて微笑みかけること、何か違う物事に赤ちゃんの気持ちをひきつけることは、赤ちゃんの支えとなるでしょう。例えば絵本を読んだりして、子どもの気持ちを落ち着かせつつ、変化をつけてあげることができます。赤ちゃんがまさに全力で泣いているときでも、恐怖や驚きに呑み込まれずに「落ち着く」ことができる、

「大丈夫」な状態に戻ることができるということを、赤ちゃんは大人と一緒に気持ちを整えることを通して、ゆっくりと、しかし、確かに学んでいくと考えられます。大人から、力強く大丈夫よと言ってもらえること、落ち着くまでそばにいて大丈夫と言い続けてもらえることは、「今ここ」の場面だけではなく、長期的にも、大きな支えとなります。

相手への信頼、自分への信頼

この感情調整のプロセスは、子どもが強い感情、特に否定的感情を経験したときに、大人に気持ちを一緒に抱えてもらい、しっかりと大丈夫になるまで一緒に整えてもらう経験です。それはまさに、アタッチメント関係であるわけですが、日々こうした経験を繰り返すことで、子どもの中には「この人は自分を守ってくれる」「この人は自分を助けてくれる」という感覚が生まれてくるでしょう。

さらにこの関係は、子どもにとって、必要なときに守ってもらえる「自分」、支えてもらえる「自分」という感覚も育んでいきます。大切にされる経験を通じて、自分が価値ある存在であることを学びます。さらに、強い感情の波が生まれても、それに呑み込まれずに何とかできる、主体としての「自分」がいるという感覚を持つことができるようになっていきます。感情を調整するには、自分自身の気持ちに気づくということだけでなく、それと共にある「気持ちを扱う主体としての自分」の感覚を持つことも大切です。

アタッチメントの研究において、子どもの主体性、自律性の発達は大きなテーマです。アタッチメントは、「大人に何とかしてもらえばいい」という、「自分」の感覚を伴わない依存ではありません。「大人と一緒に何とかできる自分」を経験すること、自己の感覚が成長することが、非常に大切であろうと考えます。

なお、先に、感情は抑えるものではないと考えている点に触れました。感情は、それを感じないように「押さえつける」ものではなく、また、「防ぎきる」ものでもないのだと思います。誰しも、赤ちゃんや子どもに、強い悲しみや恐れ、痛い思いをしてほしくないと願っているでしょう。けれども、日常の中で、多少なりともそれらを経験することはありますし、完全に防ぐこともできません。

だからこそ、大人と一緒に、気持ちは整えられるという経験をすること、自分は自分の気持ちを扱えるのだという感覚を学ぶことは大切です。そして、こうした学びは、とにもかくにも赤ちゃんがまず、自分の気持ちを経験するという実際によって始まります。

もちろん、危険から身を守ることは絶対に必要ですが、嫌なことや怖いこと、つまらないこと、気持ちの悪いことも、経験としてはやはり貴重なのです。それらの一切から子どもを遠ざけること、あるいは、子どもがそれらを経験する前から「抑えること」を教えるのは、長期的な意味で、子どもが「自分の気持ちと一緒にいる」ことの支えにはならないでしょう。

「泣くのも怖いのも当たり前。でも、きっと泣きやむことができる。落ち着きを取り戻すことができる」と思える自分に対する自信——自慢できる自信という意味ではなく、自分を自分で信じられるという自信——を、自分の気持ちと一緒にいてくれる大人とのやりとりの中で、少しずつ学んでいくのだと思います。また、嫌なことがあったとき、困ったときに、まわりを頼れるのだ、頼ってよいのだということも、経験して学んでいくことでしょう。

大人には、やがて広い世界に飛び立つ子どもを、全ての嫌な気持ちから守ることも、遠ざけることもできません。だから今、傍らにいられるこのときに、大丈夫と声を掛け続けることが、いつかの未来で子どもが自分で大丈夫になれることを支えるのではないかと思います。

3. 赤ちゃんを心の世界に招く

赤ちゃんの安心の基地、安全な避難所となること、感情調整を支えることには、最初のステップとして、大人が赤ちゃんの気持ち、心の状態をどのように捉えるかが大切でしょう。しかし、筆者の実験からも分かるように、赤ちゃんの気持ちは、それを見る大人によって少しずつ感じとられ方が違います。大人の中には、赤ちゃんはまだ幼くて、そんなにいろいろな、まして複雑な気持ちのようなものは持っていないだろうと考える方もいます。赤ちゃんの気持ちに対して、大人はどのような姿勢で向き合うのがいいのでしょうか。

第3章で紹介したマインド・マインデッドネス、赤ちゃんの気持ちに大人がついつい目を向けてしまうという特徴に着目したたしたマインズ教授は、赤ちゃんの気持ちに対する大人の姿勢について、面白い考察をしています。

大人が赤ちゃんの気持ちを「ちょっと盛って」見ることが、案外、赤ちゃんとのやりとりにも、赤ちゃんの成長にも、いい方向で影響するかもしれませんよ、というのです。赤ちゃんの気持ちは、大人に比べると当然ながらまだ幼いものです。大人と同じ経験をしても、大人と同じように思ったり、考えたり、感じたりはしていないかもしれません。でも、大人とそっくり同じではなくても、心を持つ人間として、赤ちゃんもやはり何か思ったり、考えたり感じたりしているのではないでしょうか。そして、大人がそんなふうに赤ちゃんを扱うことが、やがて本当に赤ちゃんがそうなることを、巧みに支えているのではないか、というのです[6]。

乳幼児期の感情の育ち

ここで少し、発達心理学で研究されてきた、赤ちゃん、子どもの心、特に感情の発達について示しておきます。

赤ちゃんには、かなり早い時期から、喜び、興味、驚き、悲しみ、嫌悪、怒り、恐れといった、いわゆる基本感情が備わっています。一次感情とも呼ばれるこれらの感情を、生後数カ月の赤ちゃんも経験していることは、日常場面でも、赤ちゃんの表情や表現から知ることができるかと思います。

その後、感情はより豊かになっていき、１歳半頃には二次感情と呼ばれる、自己意識が絡む感情を経験するようになってきます。誰かに見つめられたときの「照れ」、素敵なことが自分にできたという「誇り」、こうしたかったのにそれができなかった自分に対する「恥ずかしさ」、やってはいけないと言われていたのにやってしまったことへの「罪悪感」などを経験するようになります。自分という存在への意識や、ルールや規範に対する知識や理解、それに照らし合わせたときの自分への評価などが関わってくる複雑な感情です[7]。

その後も、いくつかの混ぜ合わさった感情を経験したり、一つの出来事に複数の感情を同時に抱いたり、といった気持ちの育ちが進んでいきます。

乳幼児期の認知の育ち

赤ちゃんや子どもの、物事の理解の仕方や考え方、覚え方も大人の状態とは違います。単純に「できる、できない」の違いではなくて、質として違うところがあり、赤ちゃんや子どもは彼らのやり方で世界を見て、考え、理解しています。発達心理学の父と呼ばれる著名な研究者、ピアジェによって論じられている、いくつかの特徴を示してみましょう。

例えば、赤ちゃんにとっては物が「見えなくなる」ことは、物が「なくなる」ことと同じ意味になるようです。しかし、1歳半過ぎになると、「見えなくなっても、隠れているだけで、物は物としてそこにある」という理解をするようになります。これは「対象の永続性」の理解と呼ばれます。

また、自分が見ている景色や物の配置が、自分と違う場所に立っている人にとっては異なって見えることの理解は、幼い子どもには難しいものです。例えば、赤ちゃんから見て右側にクマのぬいぐるみ、左にウサギのぬいぐるみがあるとき、赤ちゃんの向かい側に座って遊んでいる人にとっては、右にウサギが、左にクマが見えるということをイメージするのは難しいわけです。同じ状況でも私とあなたで見え方が違うということや、同じ状況で私とあなたが感じることが違う、といったことの理解は幼児期から児童期にかけて少しずつできるようになっていきます[8]。

誰かと一緒ならできること

おおまかながら、このようなことが赤ちゃんの「実際」の発達上の姿として研究されている一方で、日常の大人と赤ちゃんの会話には、研究結果なんて関係ありません。生後数カ月の時点でも「恥ずかしいの？」と赤ちゃんの気持ちに触れたり、「ここにおもちゃが隠れてると思ったんでしょうー」と赤ちゃんの考えに触れたりする大人のおしゃべりは、よく聞かれるものです。親子が向かい合わせに座って、車のおもちゃを行き来させて、「こっちから来ると思った？　パパはこっちから行くぞー」など、子どもの視点と親の視点を軽やかに絡めて遊び、追いかけたり隠れたりする遊びを楽しんでいることでしょう。

つまり日常では、実際の赤ちゃんの発達上の姿よりは幾分進んだ感情や思考や考え方を、すでに赤ちゃんが持っているということを前提としたようなやりとりが、かなり幼い時期から交わされていると思われます。

発達心理学の研究の中で「できる」「できない」として調べられてきた赤ちゃんの発達状態と厳密に比較すると、赤ちゃんにはちょっと難しいやりとりであったり、赤ちゃんの思考とは派手に外れているやりとりであったりするかもしれません。けれども、先のマインズ教授らは、大人が実際の赤ちゃんの心の姿よりも、一歩進んだ発達状態をイメージしていること、つまり、赤ちゃんも心を持った一人の人間であり、豊かで複雑な心の世界を持っていると見なして赤ちゃんとやりとりを交わすことは、やがて実際に赤ちゃんがそうなることを巧みに支える環境になっていると論じています。

この考え方の背景には、発達心理学者のヴィゴツキーが提唱した社会的構成論があります。ヴィゴツキーは、子どもが新しいことができるようになっていくとき、一人でするのではなく、誰かと一緒にすることでできるようになっていく、というプロセスを重視しました[9]。

子どもには、「すでに一人でできること」と「まだできないこと」があります。けれども、その間に、「誰かと一緒ならできること」があり、これは発達の最近接領域と呼ばれます。その「誰か」というのは、子どもよりも物事をよく知っていて、経験や技術を持っている大人であることが多いでしょう。子どもは大人に見せてもらったり、教えてもらったり、助けてもらったりすることで、少しずつ一緒にできるようになります。そして、だんだん一人でできるようになっていくのです。

赤ちゃんの心を「上げ底」する

こうした子どもの育ち方は、赤ちゃんの心の発達にも当てはめて考えてみることができそうです。赤ちゃんは、まだ複雑な感情を持ったり、複雑な思考をしたりは、できないかもしれません。しかし、赤ちゃんと関わる大人が、赤ちゃんも思い、感じ、考えることができる存在であると見なして、一緒に心を絡めたやりとりを行うことは、まだ一人では心を扱うことができない赤ちゃんを、やがてそうなるようにと促すことになっているのではないかと考えられます。ヴィゴツキーは、心や頭に浮かぶ内容を、言葉を使って考え表すことなどを高次精神機能と呼びました。こうしたことに子どもが長けていくためには、子どもが大人と一緒になってやってみることが、大きな支えとなります。

ちなみに、ピアジェは子どものことを「孤独な科学者」と呼び、子どもが自分なりに仮説を持って試行錯誤しながら、物事について理解し、学んでいく姿を魅力的に描いています。ヴィゴツキーは、子どもが大人などの足場架けに支えられて、誰かと一緒にやりながら、できるようになる姿を描きました。子どもの発達には、それぞれの側面が実際にあるのだと思います。

アタッチメント関係をテーマにしている本書は、後者のヴィゴツキーの考え方に焦点を当てますが、とはいえやはり、大人とのやりとりや関係だけで、子どもの心の発達のすべてを説明するというのは、無理な話です。それでも、大人によってちょっと上げ底された赤ちゃんへのメンタライジングが、「心と心のやりとり」という経験に赤ちゃんを誘い込むこと、そして、赤ちゃんに「やや高め」の発達状態を想定することが、結果的にはその状態へと育つことを導いていく、という指摘はとても興味深いものです。子どもの気持ちを正確に理解する、つまり、子どもの状態とジャストフィットした「読み取り」が大切だという、敏感性などの旧来の考え方とは、少し違う面白さがあります。より発達早期の赤ちゃんの頃には、豊かな「読み込み」もまた、心の発達を支えているのだと考えられます。

4. 赤ちゃんの心を探す

ここまで、大人が子どもの心の様子を実際よりも豊かに読み込むことの有効性についてみてきました。けれども、赤ちゃんの心の様子について、大人が、いわば勝手に想像してもいいものなのでしょうか。この点について、最後に考えておきたいと思います。

的外れな気持ちの読み込み

先に結論を示すと、研究知見に基づくならば、赤ちゃんがおかれた状況や赤ちゃんの様子から大きく逸脱した心の読み込みは、赤ちゃんの心の発達を支えるものにはならないだろう、と考えられます。

赤ちゃんに対するマインド・マインデッドネスについて、マインズ教授たちの研究を見てみましょう[10]。この研究では、生後6カ月の赤ちゃんの気持ちについての母親のおしゃべりを分析し、実際の赤ちゃんの様子や状況に合致しているものと、明らかに逸脱しているものに分類しました。

その結果、赤ちゃんの様子や状況に合致した形での、お母さんによる赤ちゃんの気持ちについてのおしゃべりは、その後に測定された子どものアタッチメントの安定や、社会的発達の様子と関連することが認められました。一方、赤ちゃんの様子や状況に合致しない形で赤ちゃんの気持ちについて母親がおしゃべりすることは、子どもの発達を予測していませんでした。

赤ちゃんの気持ちを「正確に」読むことは簡単ではありません。だからこそ、多少なりとも大人は赤ちゃんの気持ちを少し過剰に、あるいはわずかな手掛かりを豊かに膨らませて、読み込むことがあろうかと思います。それでも、赤ちゃんが示している仕草、視線、声と結びつけながら、大人が赤ちゃんの気持ちの状態に思いを巡らせることが、大切ではないかと考えられます。

もちろん、赤ちゃんは絶対にこう思っているはず、と決めつけるのではありません。「こんなふうに思っているかもしれない」「あんなふうに感じているかもしれない」とあれこれ考えながらやりとりをしていくのが日常でしょう。それでよいし、それがよいのだと思います。

赤ちゃんとつくるハート

この章では、「赤ちゃんの心はどこにある?」ということを考えてきました。赤ちゃんの心は、赤ちゃん一人で探すにはおぼつかず、大人が一人で夢想しては独りよがりになりそうです。

先日、とても微笑ましいシーンに出会いました。仲のいい、高校生と思しき二人が笑い声を上げながら、一人が右の手で作った半円と、もう一人が左手で作った半円を合わせて、ハートを描いて写真を撮っている姿です。赤ちゃんの心の育ちを巡っても、同じようなことがあるのではないでしょうか。

小さな赤ちゃんの、むすんだりひらいたりする右手に合わせて、それよりも大きな大人の左手がハートを形作るように向き合う。赤ちゃんと大人の両の手の間に、赤ちゃんの心はやわらかな輪郭を得て、立ち上がってくるように思われます。

1 Shinohara, I., & Moriguchi, Y. (2017). Adults' Theory of Infants' Mind: a comparison between parents and nonparents. Child Development Research, Volume 2017, Article ID 8724562, 7 pages. https://doi.org/10.1155/2017/8724562

2 E. Seifritz, F. Esposito, J. G. Neuhoff. et al..(2003). Differential sex independent amygdala response to infant crying and laughing in parents versus nonparents. Biological Psychiatry, 54(12), pp1367–1375.

3 篠原郁子、（２００６）、乳児を持つ母親における mind-mindedness 測定方法の開発：母子相互作用との関連を含めて、心理学研究、77（3）、２４４‐２５２.

4 篠原郁子、（２０１３）、心を紡ぐ心：親による乳児の心の想像と心を理解する子どもの発達、ナカニシヤ出版.

5 Fonagy, P.,Gergely, G.,& Target, M. (2007). The parent-infant dyad and the construction of the subjective self. *Journal of Child Psychology and Psychiatry,48,* 288-328.

6 Meins, E. (1997). Security of attachment and the social development of cognition. East Sussex, UK: Psychology Press.

7 Lewis,M. (2007).Self-conscious emotional development. In J.L.Tracy, R.W.Robins,&J. P. Tangney (Eds.), The self-conscious emotions: Theory and research (pp.134–149).NewYork,NY:Guilford Press.

8 J・ピアジェ（著）、谷村覚・浜田寿美男（訳）、（２０２２）、［新装版］知能の誕生、ミネルヴァ書房.（原著　Piaget, J. (1936) La naissance de l'intelligence chez l'enfant. Delachaux et Niestle.）

9 L．S．ヴィゴツキー、柴田義松（訳）、（２００１）、新訳版 思考と言語、新読書社.（原著　Vygotsky, L.S.(1986) Thought and Language. Cambridge, MA:MIT Press.）

10 Meins, E., Fernyhough, C., Wainwright, R., Das Gupta, M., Fradley, E., & Tuckey, M. (2002). Maternal mind-mindedness and attachment security as predictors of theory of mind understanding. Child Development, 73(6), 1715-1726.

コラム 4

ハイハイしません！

身長、体重をはじめ運動や言語などの子どもの発達については、「標準的な姿」などとして、何カ月頃にこれをするようになる、何歳頃にこういう様子になる、といったことが描かれています。ただし、一人ひとりの発達の様子は、まさに十人十色です。何かをするようになる時期も、プロセスも、実際にはそれぞれの姿があります。

例えばハイハイの個人差はとても大きくて、我が家の子どもの場合は、9カ月はおろか、10カ月になっても、ハイハイの「ハ」の字のそぶりも見せませんでした。その間、あらゆる健診や小児科受診の機会において「ハイハイはしますか」と問われ「いえ、まだです」と答え続けました。そのたびに、子どもの身体、手や足の発達具合から目や耳の様子まで、

丁寧に診ていただきました。

やがて保健師さんからは「身体の発達状態は大丈夫そうなので、まぁ、本人のやる気の問題ですかねぇ。おうちの方も一緒にハイハイで遊んでみてください」というお話をいただきました。「え？ やる気？？」「ハイハイにも『やる気』があるのか？？？」と驚きと盛大な「？」を頭に浮かべながらも、ハイハイ大作戦が始まりました。

子どもが当時好きだったトマトを「餌」に、父親、母親の私、果ては祖父母までが、10カ月児の前でトマトを目指してハイハイをして見せること1週間。当の10カ月児は珍しいものを見るかのように、ハイハイする大人を目で追うばかり。お尻は床についたままです。そして我々大人は、しっかり体重を備えると己の膝でそれを支えるのは苦痛、という当たり前に気づき、早々にハイハイ見本になることに音を上げました。

結局、そのまま子どもは11カ月過ぎになり、ある日、にょきっと、立ちました。そして、そのうちに、歩きました。ハイハイしない、いきなり立つ、という運動発達のケースも、数は少ないかもしれませんが、実際にあるのですね。心配する親の横で、意気揚々と歩き始めた子どもの姿に、また一つ発達の不思議を教わった出来事でした。

第5章

そうして子どもに育つもの

アタッチメント関係

アタッチメント欲求はどの子どもにも普遍的にあります。ただし、第2章で触れたように、エインズワースたちは、子どものアタッチメントの表し方、大人の応じ方にはそれぞれの特徴があることを見出しました。そして、それぞれの大人と子どものペアが持つ特徴に着目しました。この章では、彼女らが考案した実験的観察法と、アタッチメントのタイプに関する研究を紹介しながら、大人との関係を経験することを通して子どもの中に育まれていくものをみていきます。

1. SSPとアタッチメントタイプ

乳児期のアタッチメントの個人差（タイプ）を調べる手段としては、ストレンジ・シチュエーション法（Strange Situation Procedure:：SSP）という、エインズワースたちが考案した方法が有名です[1]。ただし、このSSPを通して調べられるのは、ある子どもが、ある大人との間に、どのようなタイプのアタッチメント関係を持っているのかであり、子ども個人の特徴ではありません。

例えば、母子間のアタッチメントを調べたいときは、子どもと母親が実験的観察の対象となります。父子間について知りたいときは、子どもと父親が観察対象となります。以下の説明では、エインズワースらの実験でアタッチメント対象として検討された母親を例に挙げて説明しますが、父母、他にも祖父母や保育者などが、SSPの対象となりえます。

SSPの対象年齢は、1歳過ぎ頃（12〜18カ月頃、大きくても2歳前）で、ある程度、自分で立ったりハイハイをしたりして大人に近づいたり、実験室内に用意されたおもちゃを使って遊んだりすることができる子どもたちです。そして、SSPで使用する実験室は、子どもにとって初めて訪れる見知らぬ場所です。出迎える実験者は、子どもとのふれあいの経験に富み、優しく接しますが、子どもにとっては見知らぬ人です。まさに、新奇（ストレンジ）な状況で行う実験です。

実験室を訪れた子どもと母親（養育者）、そして実験者は、一連の定められた手続きに沿って過ごします（**図5-1**）。まず、親子ペアはしばらく自由に過ごします。実験者からの合図で、母親だけが一度、退室します。実験室では実験者が子どもと一緒に過ごします。やがて母親が部屋に戻ってきます。その後、再び母親が退室します。しばらくして母親が部屋に戻り、子どもと合流します。この一連の手続きでは、実験的に母親と子どもの「分離場面」と「再会場面」を用意し、特にその場面における子どもの行動を観察するのがポイント

図5-1　ストレンジ・シチュエーション法（SSP）

案内者とともに養育者は子どもを抱いて入室。案内者は養育者に子どもを降ろす位置を指示して退室（30秒）。

養育者は椅子にすわり、子どもはおもちゃで遊んでいる（3分）。

実験者が入室。養育者と実験者はそれぞれの椅子にすわる（3分）。

1回目の親子分離。養育者は退室。実験者は遊んでいる子どもにやや近づき、はたらきかける（3分、または短縮）。

1回目の親子再会。養育者が入室。実験者は退室（3分）。

養育者も退室。2回目の親子分離。子どもはひとり残される（3分、または短縮）。

実験者が入室。子どもを慰める（3分、または短縮）。

2回目の親子再会。養育者が入室し実験者は退室（3分）。

※「養育者」は子どものアタッチメント対象である大人。

出所：Ainsworth et al.（1978）；繁多進（1987）「愛着の発達 母と子の結びつき」、梅村比丘（2017）「ストレンジ・シチュエーション法」（北川恵ほか『アタッチメントに基づく評価と支援』収録）を基に作成

となります。

アタッチメントのタイプ

SSPでは、実験対象となるすべての子どもと大人のペアに、同じ手順で同じことを経験してもらいます。しかし、子どもによって示す反応、行動には違いが見られます。その違いは大人にもあり、それぞれの子どもと大人のペアの特徴が表れます。エインズワースたちは子どもの特徴的な違いを大きくA、B、Cという3つのタイプに分類しました。Bタイプからみていきましょう。

①Bタイプ：安定型

その大人との間に安定したアタッチメント関係を形成していると考えられる子どもたちで、安定型とも呼ばれます。第1章で紹介した安心感の輪を、大人の両手の機能を頼りにしながら、くるくると自律的にまわっている子どもたちです。

このタイプでは、初めて訪れる実験室でも、大人を安心の基地として利用することで落ち着いて過ごし、新しいおもちゃで遊ぶなどの探索行動が見られます。また、子どもは分離場面で相応に嫌がったり悲しんだりして泣き、むずかることはありますが、部屋に一緒にいてくれる実験者による慰めを受け入れたり、一緒に遊ぼうという誘いに応じたりして、待っていることができます。アタッチメント対象である大人が部屋に帰ってくる再会場面では喜びを表し、近くに歩み寄ったり抱き上げてもらったりして、安心した様子を示します。

② Aタイプ：回避型

安定型のBタイプに対して、AタイプとCタイプは共に安定型ではない、「不安定型」と呼ばれます。Aタイプの子どもは、大人が部屋を出ていく分離場面では、もちろんそれに気づいているわけですが、特に大きく泣いたり、大人の後を追ったりはせず、行動としては強い感情的反応は示しません。再会場面においても、ドアが開いて大人が戻ってきたことを認めていますが、大きく喜んだり近寄ったりはしないという感じです。どちらかというと、大人が何をしていようと、子どもは特段に大きな反応は示さずに、部屋の中で過ごしている、という印象を与える子どもたちです。このアタッチメントタイプは回避型と呼ばれることもあります。

③ Cタイプ：アンヴィバレント型

このタイプは、Aタイプと対比的で、全体として感情的な反応を大きく示す子どもたちです。新奇な部屋の中では大人にしがみついていて、おもちゃで遊ぶという探索行動はあまり見られません。分離場面では非常に激しく泣き、大人が部屋から出ていくことに抵抗します。再会場面では、大人にすぐに近寄ろうとし、抱き上げてもらいます。ただ、よく見てみると、子どもは再会を喜ぶだけではなくて、自分を部屋に置いていってしまったこと、待っている間がつらかったことを怒っているようで、機嫌が直るのに時間がかかります。このタイプはアンヴィバレント（両価）型と呼ばれることもあります。

SSPと家庭観察

SSPにおいて、子どもによって反応や行動が違うというのは面白い発見ですね。ただ、1歳過ぎの子ども、まだ赤ちゃんと呼んでもいい幼い子どもにとって、知らない場所に連れてこられて、頼みの綱であるアタッチメント対象が部屋から出ていってしまう（しかも2回も！）というのは、かなりの危機を感じる経験ですし、普段とは大きく異なるシチュエーションです。

そこで、エインズワースたちはＳＳＰと並行して家庭観察も行いました。そして、ＳＳＰで観察される子どもの様子は、日常の慣れ親しんだ家庭内での様子とは違うことも示しています。

Ｂタイプの子どもは、他のタイプよりも、家庭内で泣いていることが少なく、機嫌よく過ごしています。家庭内で親が部屋を出ていくと後追いをし、多少泣きますが、親が戻ってくると喜びます。家庭内でも親を安心の基地、安全な避難所として信頼し、利用できていると考えられます。また、親が抱っこから子どもを降ろそうとするとき、他のタイプの子どもよりも嫌がりません。抱っこされている間にしっかりと安心感を得ていて、探索活動の準備ができていると考えられます。

ＳＳＰでのＡタイプとＣタイプはかなり印象が異なりますが、家庭内での両者は似ています。両タイプともに、Ｂタイプよりも家庭内で長く泣き、怒っています。

Ａタイプの子どもは、家庭では親が部屋を出ていくとよく泣き、よく後追いします。また、抱っこから降ろそうとすると、どのタイプの子どもよりも嫌がります。まだ十分に安心感がない、探索の準備はできていないよ、とでも言いたげです。Ａタイプは回避型なんて呼ばれますが、親を回避しているのではなく、分離は嫌ですし、親から安心感を得たいのです。

ストレンジ・シチュエーション法（SSP）での
各タイプの特徴的な様子

Aタイプ：回避型

Bタイプ：安定型

Cタイプ：アンヴィバレント型

エインズワースはＳＳＰと家庭での子どもの行動の意味にはつながりがあると指摘しています。Ａタイプの子どもはＳＳＰではあまり泣く様子が見えませんが、家庭での行動から、その心ではとても強く親を探しており、近くにいたいと思っていることが分かります。ただＡタイプの場合、親に近接したいけれども、行動として身体的に実際にくっつくことはしたくないという葛藤が強いと考えられます。これまでの日常経験の中で、近接したいときに親から応じてもらえなかったり、逆に親からの関わりが子どもにとって強すぎたりして嫌だった、というように、近接欲求がうまい心地に満たされることが少なかったのでしょう。近接欲求が高まると、同時に、またこの気持ちはうまくなだめてもらえないのだろうなという怒りや、恐れも湧いてきてしまうのでしょうね。

エインズワースはＡタイプについて、ＳＳＰのように親を求める気持ちが極めて強く喚起されたときこそ、かえって行動として近づいたり暴れたりはしない、けれどもふつふつ静かに怒っている子どもの気持ちを描写しています。

一方、Ｃタイプの子どもは、その大人がちゃんと自分に応じてくれるのか、利用可能であるのかをもっとちゃんと確かめなくては、という不安があるようです。Ｃタイプは、家庭でもよく泣き、機嫌が悪く、抱っこしても満足げではないし、しかし抱っこを降ろすと嫌がります。もっと大人から関わってほしい、身体的に近くにいたいという気持ちが強く表れています。

ＳＳＰのようにアタッチメント欲求が強く活性化される状況ではなおのこと、自分が求めている関わりや近接をちゃんと得られるだろうかと不安になり、強く大人にくっつこうとしているのだと考えられています。

ＳＳＰでみる世界の子ども

ＳＳＰは、現在までに世界中で多くの子どもたちを対象に実施されています。各国で行われた測定結果を眺めてみると、どのような国や地域であっても、ＡＢＣという各タイプの存在が見いだされています。そして、どの調査結果においても、分布としてはＢタイプが最も多く、だいたい６割程度を占める形で認められます。そして、おおまかに４割くらいは不安定型に分類されます。

各国や地域には、文化的特徴の違いのみならず、子どもの養育や生活のスタイルにも様々な多様性があるでしょう。にもかかわらず、各タイプが同じくらいの割合で分布しているのは興味深く思われます。文化とアタッチメントに関する研究もたくさんなされています。

日本でも、Bタイプが6割程度であり、不安定型のうちCタイプがやや多いといった特徴が見られています[2]。ただし、日本では1歳の赤ちゃんが親子分離を経験する機会がそもそもあまり多くありません。このため、SSPの分離場面で経験する不安の程度が極度に高く、激しい泣きや抵抗が多く引き出されているのではないかという指摘もあります。

2. アタッチメントは子どもなりのルール

こうした研究を紹介すると、アタッチメントが「不安定」だと、何か問題があるのではという声が聞こえてきそうです。「不安定」というネーミングから、否定的な印象が感じられやすいかもしれませんので、少し補足しましょう。

子どもの、健康で適応的な心理社会的発達を考える上では、安定しているかどうか（SSPでいうと安定型か不安定型か）という見方ではなく、一定の方略を持っているか、組織化されているかどうかという視点で理解することが重要です。組織化されているというのは、その子どもなりに一定のルール（方略）を持って、アタッチメント対象との関係を保ち、その大人を安心の基地、安全な避難所として利用できるという意味です。どんなルールを持つかに違いがあっても、その子どもなりのルールが形成されていて、それを用いることで特定のアタッチメント対象を一定程度、利用することができるなら大丈夫という考え方です。

Bタイプ、安定型の子どもにおいては、自分に困ったことや嫌なこと、怖いことがあって、自分が泣いたり近寄ったりしたら、大人は自分を迎え入れて守ってくれるだろう、安心させてくれるだろうという見通しを持っていると考えられます。「自分がこうしたら、相手はこうするだろう」という子どもなりの見通しがあると、不安やストレスを感じる場面でもアタッチメント対象にくっついて、安心・安全をとり戻すことができるでしょう。この見通しと、それに沿った行動パターンというのがルール、方略ですね。

Aタイプの子どもは、Bタイプとは違う内容ながら、見通しとルールを持っています。アタッチメント欲求を一貫して最小化するというルールを使っていて、自分から大人に近づいたり、感情的な表現をあまり示さないと考えられます。というのも、Aタイプの子どもの親は、子どもが泣いたり、後追いをしてきたり、親のまわりにまとわりつくようなことが、ちょっと苦手であるようです。子どもが近づこうとすると、親が不快になって遠くに行ってしまうので、それならばいっそ自分が動かないでいる方がよさそうだ、と子どもは学ぶのかもしれません。子ども自身がそういうルールで行動している限り、大人が子どもから離れていくことはないということを、子どもは経験を通して学んでいる可能性があります。

反対に、Cタイプの子どもは、大人の近くにいたい、離れたくないというアタッチメント欲求を常に最大化して表現するルールを持っています。大人にとっては、よく泣く、いつもくっついてきて困ると感じられる行動かもしれません。ただ、子どもなりのこのルールは、子どもから見ると予想しにくい、反応が時によって違うことがある親への対処法とも考えられます。子どもは、できるだけ大きく泣いたり、親にくっついてそもそも離れないでいれば、親を安心の基地、安全な避難所としてより確実に利用できると考えているのかもしれません。

大丈夫でいられるための次善策

子どもは、自分が泣いたり近づいたりする行動をとったときに、その大人がどんなふうに応答してくれるかを観察し、経験しています。そして、大人から思うような反応がうまく得られなかったならば、子どもは方略を練り直し、次善の策をとるようになると考えられています。このぐらい泣いたらどうなるだろう、泣かなかったらどうなるだろう、と試行錯誤をしてみて、何とかうまくいきそうな方略を探していくのでしょうね。

それは、Aタイプにおける、自分が泣かずに動かずにいることで、今の大人との距離を保とうとするルール（低活性方略）であり、Ｃタイプにおける、できるだけ大きく表現するか、最初から大人とくっついているルール（過活性方略）であろうと考えられます。

わずか１歳の子どもが、親や養育者との間で「次善策」をとっているということを初めて学んだとき、私は言葉にできないくらいの衝撃を受けました。学生だった当時の私にとって、赤ちゃんはきっととても手がかかって、親が赤ちゃんに振り回されながら生活することになるのだろうなと思っていたからです。親が赤ちゃんに合わせて、あれやこれやと動きまわるのだろうと思っていました。

けれども、どうでしょう。生まれてわずか一年の、まだ赤ちゃんと呼べる子どもの方が、どうすればその親との近接を維持できるのか、どうすればその親からの反応を得られるのかを日々の経験の中で学んでいるのです。赤ちゃんの方がその親に合わせて、自分のふるまいを変えてきたというのです。そして、実際に赤ちゃんとの生活を経験してみて、本当に赤ちゃんは親がどうするか、どうしてくれるかを、よく見て学んでいると感じています。

多分それは、赤ちゃんにとってたまたま眼前にいるその大人を自分にひきつけ、活用することで生き伸びるということが、何よりも大きな、まさに生存をかけた命題であるからだろうと思います。大人が子どもにてんてこ舞いになることよりも、赤ちゃんの方がはるかに懸命に、今目の前にいる、い続けてくれる、その大人のもとで生きようとしているということなのだろうと思います。

なお、当然のこととして、一人ひとりの赤ちゃんには、個別に認められる、泣きやすい、機嫌が直りにくい、といった生得的な気質と呼ばれる特徴があります。あるいは、人間の赤ちゃんが持っている、人の顔や声が好き、といった癖もあります。これらは、大人とのやりとりの成立やその内容、質にも影響を与えています。子どもと大人の関係を考える上で、本来、それらを抜きにして考えることはできません。子どもから大人に及ぶ影響も、強く、大きく、豊かにあることは、確認しておきたい点です。

ただ、それでも、ことに幼い赤ちゃんと大人の関係においては、コミュニケーションの成立においても、アタッチメント欲求に応えることについても、現実的に発達が進んでいる大人の側に、子どものためにできることが多くあるでしょう。アタッチメントのタイプ形成には、子ども側が持っている特徴による影響も検討されてきました。それでもなお、そうした個々の特徴を持つ子どもに、どのように応じて関わっているのかという大人の存在が、重視されています。

組織化されていないDタイプ

エインズワースらのＡＢＣ分類は、３類型という分かりやすさをイメージさせます。ただ、実際の分類は、Ｂタイプの中にも４種類、ＡもＣもそれぞれ２種類のより細かなバリエーションがあり、当たり前ですが、そんなに簡単に分類できるものではありません。そして、エインズワースらの当初のＳＳＰにおいても、ＡＢＣのどれにも分類しがたい子どもたちがいたようです。より近年になって、従来の３つのタイプのどれにも当てはまらない、印象が異なる子どもたちはＤタイプとして検討が行われています[3]。

このＤタイプは無秩序・無方向型と表されます。ＳＳＰにおいて、アタッチメント対象である親を呼んだり近づこうとしたりするけれども、いざ親が来ると離れようとするといった、一貫性のない行動を見せます。親の近くにいることに緊張や拒否、混乱やおびえがあり、どうしようとしているのか、観察者にとって分かりにくい印象があります。子どもなりのルール、方略が定まらないように見えるのです。「親に近づきたい、けれども同時に、避けたい」という矛盾した気持ち、どうしたいのか分からないような行動なども見られます。

まだ研究が重ねられているところでもありますが、特段、心理臨床的な問題を抱えていない、ごく一般的な家庭の子どもと親を対象とした調査であっても、15％程度がこのＤタイプに分類されるという報告があります。ですから、Dタイプと見られる子どもであっても、直ぐに何か重要な問題があると見なすことはできません。

一方で、虐待を経験していたり、非常に強くつらい心理的経験をした子どもや、親が精神的疾患を抱えていたりする場合、相対的にDタイプに分類されることが多いという指摘もあります。例えば虐待について、子どもにとって親は、保護、近接を求めたい対象ですが、同時に、子どもを傷つけ恐怖に陥れる源でもありえます。子どもが親に近づくような行動を見せながらも、同時に、親に本当に近づくことはできない、避けようとする行動も見せる、という矛盾、一貫性のなさの背景が想像できるように思われます。

ただし、繰り返しになりますが、Dタイプと何らかの問題を抱えていることを短絡的に直結させることには厳に注意が必要です。このタイプと心理的、社会的問題との関係は、現在も慎重に検討が重ねられています。

3. アタッチメントの個人差

ここで、アタッチメントの個人差、問題と障害について触れておきたいと思います。以下、アタッチメントの研究や、第1章で紹介した「安心感の輪」に基づく親子支援を行っておられる北川恵先生の記述を引用しながら示します[4]。

まず、個人差についてです。繰り返し述べてきたように、乳児期であればSSPで測定されるタイプは、子ども個人に張りついた特徴ではありません。その子どもが、アタッチメント対象との間に持つ関係の特徴です。現在では、組織化（SSPであれば、A、B、Cのタイプ。それぞれのやり方で、その特定の相手を安心感の源として利用し、安全、安心を得る方略を持つ）と未組織化（SSPであればDタイプ。特定の相手から安心・安全を得る方略が組織化されていない）という整理がされています。

一方で、診断としての「アタッチメント障害」があります。日本では「愛着障害」の呼称で、耳にしたことがある方も多いかと思います。

アタッチメント障害との違い

アタッチメント障害は、極端に厳しく不十分な養育環境、例えば社会的なつながりがなく、情緒的に関わってくれる人との関係を持つ機会を得られない、頻繁に養育者が替わって関係を築く機会を得られなかった場合などに起こりうると考えられています。アメリカ精神医学会による『精神疾患の診断・統計マニュアル』第5版（DSM‐5）に基づくと、「反応性アタッチメント障害」（情緒的にひきこもったタイプ）と「脱抑制型対人交流障害」（無分別な社交性を示す脱抑制タイプ）という二つのタイプが存在します。

どちらにも、特定の相手との間にアタッチメント関係を形成することができない、誰との間にも選択的な（「この人」という特別な人を選択する、区別化すること）アタッチメント欲求を向けることができないという姿があります。誰ともアタッチメント関係を形成できないという点から、「アタッチメント障害」は、子ども個人に対して診断されます。

例えば、子どもが特定の大人と関係を持っていて、その大人との関係が難しさを抱えている場合、それは「アタッチメント障害」とは違います。特定の相手との関係があるのですから、「アタッチメントの問題」と表されます。そして、「アタッチメントの問題」はその相手と子どもとの間にある問題であり、子ども個人の問題ではありません。

北川先生は、こうした整理が反映されないままに、「アタッチメント障害」の表現が多く使用されていることに警鐘を鳴らしています。その背景には「アタッチメント障害」よりも広義の「アタッチメントの問題」を捉えるための診断や評価法が追いついていない現状を挙げています。

本書で扱ってきたのは、あくまでアタッチメントの個人差のお話です。もちろん、「アタッチメントの問題」や「アタッチメント障害」は、心理学の中でも特に臨床分野において、重要なテーマです。そして、臨床領域と基礎研究領域の架橋は、活発に行われています。ただし、基礎研究領域にいる筆者としては、本書においてはあくまで実証研究として行われる個人差研究から見えてくることを中心に示したいと思います。

乳児期以降の個人差

エインズワースによるＳＳＰの考案は、アタッチメント研究に多大な影響を与えました。ただ、ＳＳＰは1歳頃の子どもについての測定方法と分類内容ですから、年長の子どもに当てはめることはできません。そこで発達のそれぞれの時期に、妥当な形でアタッチメントの個人差を測定するため、様々な方法が開発されています。

認知機能の発達も進む幼児期、児童期以降は、必要とするときに大人を安心の基地、安全な避難所として利用可能であると思えるかどうかが重要なテーマとなります。そこで、アタッチメントに関する行動観察というよりも、アタッチメント表象、イメージに見られる個人差に着目します。アタッチメント欲求が活性化されるような場面想定をして物語を作る方法もありますし、アタッチメント対象との関係をどのように本人が語るのかを調べるインタビュー方法もあります。ＡＢＣというタイプ記述も実はＳＳＰだけのものであり、各発達時期の特徴を捉えながらそれぞれの測定方法を通して個人差が記述されます。それぞれの表現は違いますが、方略の組織化に着目すると、過活性化、低活性化、あるいは未組織化といった形の個人差は、幅広い年齢で見られています。

4．いろいろな人とのアタッチメント関係

ＳＳＰをきっかけに、アタッチメントの個人差が見出されたことで、その個人差を作っている背景、他の発達との関連、将来へのつながりなど、幅広いテーマの研究が展開されていくことになりました。

その中の一つに、ＳＳＰで測定されるアタッチメント関係は、子どもが経験する他のいろいろな人との関係と、どう関連しているかを調査した研究があります。例えば母子間のアタッチメントが、母親ではない相手——父親、祖父母、先生、お友達との人間関係に影響するのか、ということが研究されてきました。

母子のつながりが人間関係の基本？

アタッチメント理論を提唱したボウルビィは、赤ちゃんが人生においてまず経験し、毎日続いていく親子間におけるアタッチメント関係が、それ以外の人間関係の質に響いていくという考えを、早くから示していました。

現実的に、赤ちゃんが発達早期に経験する人間関係は親子関係であることが多いでしょうし、主たる養育者が母親であるという場合も多いかもしれません。ボウルビィの当初の研究対象はまさに、母子でした。モノトロピーといわれるこの考え方によると、赤ちゃんがお母さんとの関係の中で作った人間関係のイメージ、内的作業モデルが、新しく出会う他の大人、人に対しても当てはめられていきます。「お母さんはこういうときこうしてくれる。きっとこの人も、そんなふうだろう」「お母さんは自分のことをこんなふうに扱ってくれる。だからきっとこの人も、自分をそう扱ってくれるだろう」という形で子どもの中で活用されていくというわけです。

階層的組織化モデルという考え方では、まず、母子関係などの子どもにとっての主たる人間関係があり、それに基づいて作られた内的作業モデルが、いろいろな人間関係モデルの上位にあるとされます。そしてそれが、他の人間関係にも当てはめられながら広がっていくというのです[5]。つまり、もし母子関係が安定したものであれば、その後に経験する先生や、友達との関係においても、同様の内的作業モデルが当てはめられて、結果的に同じように安定した人間関係を広く経験すると考えられています。

いろいろな人間関係から学ぶ

個人的には、私も母親をしていますから、階層的組織化モデルはだいぶ母親への「負担」が大きいと思うのが、正直なところです。世界には、何十億という人間がいるのに、母親である私が、たった一人の私が、子どもがこれから経験しうるであろうたくさんの、いろいろな人間関係をすべからく方向づけてしまうかもしれないと想像すると、めまいがしてきます。

実際のところ、子どもは決して親、まして母親一人だけと生きているわけではありませんね。世界には、親とは違う人間がたくさんいるのですから、いろんな人に出会って、いろんな人から学んでほしいと思います。特に現代の、これからの子どもの育ちには、家庭の中でも外でも、いろいろな大人が子どもにつながっていてほしいと考えます。そして、より近年のアタッチメント研究からは新しい見方が示されています。

代表的なものの一つ目が、統合的組織化モデルです[6]。赤ちゃんであっても、母親、父親、祖父母、その他の家族や親族、保育園の先生など多様な複数の人間関係を同時に経験しながら生活しています。子どもの中では、それぞれの関係に上位、下位はなく、各経験は子どもの中で統合されていき、それぞれの経験を取り込みながら一つの内的作業モデルが出来上がってくると考えられています。こうして出来上がるモデルは固定的なものではなく、子どもがさらに出会う人、経験を通して変化していくという考え方です。

また別の考え方に、独立並行的組織化モデルがあります[7]。このモデルでも、子どもはいろいろな他者との関係を持ちながら生活しているということが大前提です。ただ、各々の人間関係は子どもの中でそれぞれに独立していて、それぞれの内的作業モデルが形作られているという考え方です。確かに、例えばお父さんとの関係と、保育園の先生との関係は、それぞれの特徴がありそうですね。そして、子どもはそれぞれの人間関係から、それぞれに別のものを受け取りながら発達をしていくと考えられています。

ボウルビィにせよ、エインズワースにせよ、その時代のその研究実施地における研究対象は母子だったのですが、モノトロピー説が現代においてどこまで説明力を持つのだろうかと考えさせられます。子どもはもっと学習能力も順応性も高いと思われますし、最初からたった一人の人にしか適応できないような作りでは、生き残っていくのにリスクが高すぎるようにも思います。

一方、家庭で過ごすことが長い赤ちゃんにとっては、人間関係の中心は依然、家庭の中の養育者、親ということもあるでしょう。そして、地球上にいるたくさんの人の中の「この人」という特別な人との間に、安心、安全を感じられる経験を積んでいくことの意味は大きいと思います。その個別の、具体的な経験こそが大切だと考えられます。

しかし、重要なのは、子どもは親だからアタッチメント関係を築くのではなくて、日々子どもに接してやりとりを積み重ねていくその結果として、親との間にアタッチメント関係が形成され、内的作業モデルが形成されるという順番です。この順番を考えると、子どもは親以外にも、日々、安心感を支えてくれるいろんな大人との関係を経験することで、それぞれの関係から学べることがあるはずです。

現実的に、子どもは生まれて間もなくから、たくさんの人との関係の中にいますし、それぞれの関係が子どもにとって意味を持つものでしょう。現在注目されている統合的、あるいは独立並行的組織化モデルの魅力は、そういうところにあると思います。子どもの頭の、心の中で、実際にそれぞれの人間関係がどのように位置づけられ、経験されているのか、研究でもまだ分からないことが残っています。ただ、旧来研究されてきた母親だけではなくて、それ以外のたくさんの人との間に結ばれるアタッチメントが確かにあり、それらが子どもにとって大切な意味を持つことが、現在では当たり前に論じられています。

父親との関係

近年では研究が盛んになっている、父親、家庭の外の保育者、先生との関係について見ていきましょう。

一つ目に、父子間のアタッチメントの研究を紹介します。子どもは、当然ながら、お父さんとの間にもアタッチメント関係を結びます。そして、母子間と父子間とでそれぞれ測定されるアタッチメントの安定型、不安定型の分布に差はありません。母子間の方が安定型に分類されることが多い、というような分布の偏りはないのです。子どもにとっては、母親も、父親も、安定したアタッチメント関係を持ちうる重要な存在です[8]。

母親間と父親間とで違うタイプのアタッチメントを形成している子どももいます。両親を持つ子ども101人を対象にした研究[9]によると、生後15カ月時点のSSPによる測定の結果、母親と父親の双方に対して共に安定型であった子どもは40人、父親、母親の双方ともに不安定型だった子どもは18人でした（1人は測定未完了）。興味深いのは、母親か父親のどちらか一方とは安定型、もう一方の親との間は不安定型という組み合わせを持つ子どもが42人、全体の約4割もいたことです。

これは、子どもが、母親、父親のそれぞれと、それぞれの経験に基づいたアタッチメント関係を形成していることを示唆しています。両親に対して同じタイプ、例えば安定型の関係を持っていたとしても、それぞれの親が、おそらくは第2章、第3章で示したような、応答的で情緒的な関わりを子どもに示していることで、それぞれに安定した関係が形成されてきたと考えられます。

さて、父親との安定したアタッチメントは、子どもの発達に対して肯定的な関連や影響を持ちます。特に、子どもの自分に対する肯定的な感情、お友達との友好的な関係、行動面や情緒面に現れる問題の少なさ、より大きくなったときの社会的適応について、父子間アタッチメント関係が影響していることが報告されています。母子間アタッチメント関係からの影響は見られないのに、父子間アタッチメント関係のみが影響しているという研究は興味深いものです[10]。父子関係には、それ自体が子どもにとって独自に持つ、大切な意味があると考えられます。

なお、先述の両親双方との関係を検討した研究からは、父親、母親の少なくともどちらか一方との間に安定したアタッチメント関係があれば、その子どもが児童期に示す行動上の問題が少ないことが示されています。仮に母子間のアタッチメント関係が不安定でも、父子間の安定したアタッチメント関係が、子どもが後に問題を抱えるリスクから守る機能を持っている点が注目されます。逆もまた然りです。

また、これまで、父子関係については、遊び場面が取り上げられることが多かったのですが、近年はお父さんも、食事やお風呂などの身のまわりのこと、遊びというより生活の時間に積極的に関わる機会が増えているかと思います。今後、そうした生活場面や養育場面における父子関係の研究からみえてくる結果が注目されます。

幼稚園、保育園の先生との関係

次に、乳幼児が家庭の外で出会う重要な大人として、幼稚園や保育園の先生との関係を取り上げます。子どもが先生との間に安定した関係を持つ割合や、安定性の高さは、親に対するそれとほぼ変わりません[11]。また、親との間の関係が不安定なものであっても、先生との間に安定した関係を持つ子どもたちがいます。子どもは先生とのやりとりの経験に基づいて、その先生とのアタッチメント関係を持っていると考えられます。ですから、本書で何度も繰り返しているように、幼稚園や保育園の先生方、施設などで子どもと関わっておられる方々は、子どもにとって本当に大切な存在です。

先生との間に安定したアタッチメント関係を持っている子どもは、幼稚園や保育園でお友達と仲よく過ごしており、子ども同士の関係でも社会的、友好的な行動が多いようです。そして、幼稚園や保育園の先生とのアタッチメント関係は、小学校に入学した後の先生との関係を予測するという知見も興味深い点です[12]。幼稚園や保育園の経験を通して「先生ってこんなふうに自分に接してくれるのだろうな」という、先生のイメージ、内的作業モデルが形成され、それが小学校の先生との関係を作っていくときに活用されているのではないかと考えられます。

また、幼稚園、保育園の先生との関係は、小学校という新しい環境への適応にも関連しています。子どもたちは園や学校で先生を安心の基地、安全の避難所として利用できることに支えられて、新しいお友達関係、新しい学びとの出会いに力強く進んでいくのだろうと思われます。

アタッチメント・ネットワーク

このように、父親、先生といった大人と子どものアタッチメント関係の研究を眺めてみると、それぞれが子どもにとって大切な意味を持ち、単純に別の大人との関係の「代わり」として機能しているわけでは、決してないことが分かります。

それは、翻って、子どもにつながりうるそれぞれの大人が、子どものアタッチメント欲求に目を向け、安心の基地、安全の避難所になろうと手を差し出すことの大切さを示していると思います。きっといつでも、どこからでも、子どもにとってのアタッチメント対象——子どもにとって安全を感じることができ、もし何かがあっても安心を回復できるような関係を築く相手——になれること、子どもにつながっていくことの意味を教えてくれる知見だと考えます。

近年、アタッチメント・ネットワークという表現が注目されています。いろいろな大人との間のアタッチメント関係に囲まれて、安心感に守られていることが、子どもが自分の人生を力強く、幸せに生きていくことの大きな基盤になっていくというイメージです。

私たち大人の一人ひとりが、子どもたちを広く、幾重にも守り支える、大きなネットワークの一部になれるのだということを、いつでも覚えていたいと思います。

1 Ainsworth, M.D.S., Blehar, M.C., Waters, E., &Wall, S. N. (1979). Patterns of attachment :a psychological study of the strange situation. Psychology. Press.

2 Durrett, M. E., Otaki, M., & Richards, P. (1984). Attachment and the mother's perception of support from the father. International Journal of Behavioral Development, 7(2), 167-176.

3 Main, M., & Solomon, J. (1990). Procedures for identifying infants as disorganized/disoriented during the Ainsworth Strange Situation. Attachment in the preschool years: Theory, research, and intervention, 1, 121-160.

4 北川恵、（２０２１）、アタッチメントの病理・問題と臨床実践（遠藤利彦（編）、入門 アタッチメント理論：臨床・実践への架け橋、日本評論社）.

5 Collins, N. L., & Read, S. J. (1994). Cognitive representations of attachment: The structure and function of working models. In K. Bartholomew & D. Perlman (Eds). Advances in Personal Relationships, Vol, 5. Attachment Processes in Adulthood , 53-90. London: Jessica Kingsley Publishers.

6 Van IJzendoorn, M. H., Sagi, A., & Lambermon, M. W. (1992). The multiple caretaker paradox: Data from Holland and Israel. New Directions for Child and adolescent Development, 1992(57), 5-24.

7 Howes, C., & Spieker, S. (2008). Attachment relationships in the context of multiple caregivers. In J. Cassidy & P. R. Shaver (Eds.), Handbook of attachment: Theory, research, and clinical

applications, (317-332). The Guilford Press.

8 Bretherton, I. (2010). Fathers in attachment theory and research: a review. Early Child Development and Care, 180(1-2), 9-23.

9 Kochanska, G., & Kim, S. (2013). Early attachment organization with both parents and future behavior problems: From infancy to middle childhood. Child development, 84(1), 283-296.

10 Bureau, J. F., Deneault, A. A., & Yurkowski, K. (2020). Preschool father-child attachment and its relation to self-reported child socioemotional adaptation in middle childhood. Attachment & Human Development, 22(1), 90-104.

11 Ahnert, L., Pinquart, M. & Lamb, M. E. (2006). Security of children's relationships with nonparental care providers: a meta-analysis. Child Development, 77(3), 664-679.

12 Howes, C., Hamilton, C. E., & Philipsen, L. C. (1998). Stability and continuity of child-caregiver and child-peer relationships. Child Development, 69(2), 418-426.

コラム 5

ただいま練習中

ある日、子どもを保育園に迎えに行くと、クラスの先生が「今日、〇〇ちゃん、とっても優しかったんですよー！」と子どもの嬉しい姿のお話をしてくれました。その出来事は、4歳児クラスでの給食の時間、お箸を使うことに関するものでした。

園では、3歳児クラスから4歳児クラスに進級する頃、給食をいただくときにお箸を使ってみようという時間が少しずつ設けられていました。子どもたちは、4歳児クラスに進級するぞという嬉しい気持ち、4歳のお兄ちゃん、お姉ちゃんたちへのあこがれの気持ちに乗せて、その子なりのペースでお箸の経験を重ねていきます。

お箸って、とっても難しいですよね。二本バラバラで、細くてつるつるして握りにくく、それまでになじんでいる子ども用のスプーンやフォークとは大違いです。この時期の子どもたちを見ていると本当に、かわいらしいというか、一生懸命さは大したものです。お箸をいったいどうやって握って、動かしたらいいのか、まさに悪戦苦闘しています。

けれども、それぞれのフリースタイルながら、美味しいもの、食べたいものは、どんな手段を使ってでも絶対にお口に運びます。「食べたい！」「美味しい！」という気持ちがまず一番なのでしょうね。そうやって、それぞれにお箸に親しんできて、4歳児クラスの年度の終わり頃になると、ほぼ全員がお箸で給食をいただくようになっていました。

その4歳児クラスに、転園してきたばかりのSくんがいました。それぞれの園の取り組みの違いや生活経験の違いもあるでしょう、Sくんはいつもスプーンとフォークで給食をいただきます。この日、クラスの子どもたちはそのことが気になったようで、「どうしてお箸で食べないの？」「お箸、できないの？」「スプーンじゃ赤ちゃんみたいだよ」という声があがってきたそうです。クラスの子どもたちは、お箸を使いこなせるようになってきたことに誇らしさを感じている時期ですから、余計にこうしたおしゃべりが出てきたのでしょうね。

どうにもトゲトゲした雰囲気の中、うちの子どもは「練習中なんじゃない？」とつぶやいたそうです。それで先生も「そうなのよ！　Sくんは練習中なのよ。みんなも練習したよねー」とお話しすると、まわりのお友達も「練習中なんだ」とそれぞれになにやら納得したようで、落ち着いて給食を食べに戻ったとのことでした。

実はこの「練習中」は保育士の先生の言葉に学んだもので、この頃、私も意識して家庭でよく使っていた言葉でした。子どもたちの毎日は、新しいこと、チャレンジすることが盛りだくさんです。お箸に限らず、靴を履く（これも上履き、外靴、雨靴、とそれぞれに勝手が違います）、シャツを着る、脱ぐ、ボタンをとめる、お茶をコップに注ぐ、などなど、何をするにも最初は難しく、失敗したり途方もなく時間がかかったりもします。それを、その先生は「それじゃできてないよ」ではなくて、「練習中だね」といつも仰っていました。

そうですよね、子どもたちは、あれもこれも練習中です。やがて、それぞれにできるように、するようになるのです。ただそのときに向かっている途中の、今の姿は、「できない」ではなくて「練習中」。やがてできるようになる、するようになる子どもたちへの信頼と、その道のりをまるごと包んでいる優しさが、その言葉にはあるように感じます。できるようになりたい、と思っている子どもにとって、とても安心できる言葉であるように思います。

「またできてない！」「どうしてできないの！」と子どもに言いたくなることが、ありますよね。でも、そういうときこそ「今は、練習中」と声に出してみると、ちょっと自分自身でも、気持ちにゆとりが出てきます。しかたないよ、今は途中だという気持ちになって、冷静になれることが何度もありました。だから本当は、子どものためというよりも自分のためにおうちでもよく、この言葉を使っていたのかもしれません。

我々大人も、ありがたいことに、日々、様々な挑戦、課題に向き合っています。子育ては、その最たるものかもしれません。自分ができていないことを自覚するとき、なんとも悔しく、ふがいなく、情けない気分にもなります。

子どもにも、大人にも、「できない！」と言って投げだしたくなることが、しょっちゅうあります。それでもきっと、だいたいのことは、「練習中」なのです。もっともっと、育っていける、変わっていける。私たちは今、その途中にいるのだと思います。

第6章

人生を歩むちから

アタッチメントと非認知能力

安定したアタッチメント関係を誰かとの間に持つこと。それは、世界に力強く歩み出すための、大きな支えを持つことになります。ですから、アタッチメント関係の形成それ自体が、重要な発達、育ちといえるでしょう。

これに加えてもう一つ注目したいのが、その安定したアタッチメント関係を基礎として、子どもの中に、人生を幸せに生きていくための大切なちからが育まれているということです。そうしたちからは、近年、「非認知能力」と呼ばれているものと大きく重なってきます。この章では、アタッチメント関係を土壌にして子どもの中に育つ、人生を歩むちからの発達についてみていきます。

1．アタッチメントと非認知能力

子どものアタッチメント関係の質が、子どもの他の心理社会的な発達や特徴とどのように関連するのか、あるいは、将来的にどのような関連を持つようになるのかを明らかにする研究が盛んに行われています。また、ボウルビィが「ゆりかごから墓場まで」と表したように、人生の早期から後期までの幅広い年齢層にわたる知見も集積しています。これらの膨大な研究へつながる道を拓いた、エインズワースの功績は計り知れませんね。なお、彼女らが開発したSSPは乳児限定の測定方法でした。以下では、SSP以外の方法も含め、乳児期から児童期頃のアタッチメントの質を測定した研究を幅広く紹介していきます。

研究知見を示す前に、今一度、大切なことを確認しておきます。アタッチメント研究で測定しているのは、その子どもが誰かとの間に築いている関係の質であり、子ども「個人」の状態を説明しているものではありません。正確に書くならば、「○○との間に安定したアタッチメントを持っている子ども」とするべきですが、何度も出てくるとさすがに読みにくいので、本書では「アタッチメントが安定している子ども」などと表現しています。本章では特に、このことを念頭に置いて読み進めていただきたいと思います。

そして、そういう「関係」を持っている子どもは、「子ども個人」としての状態を見たときに、社会の中で周囲とうまくやっていく、自分の心をうまく扱うちからが育っている、ということを調べた研究を取り上げます。アタッチメント関係はそれ自体、重要な発達ですが、本章ではそれが土壌となって、別の側面の心理社会的発達を支えている点に注目します。

この二つの姿を混同せずに、それぞれの重要性を認めることは、特に子どもの発達を支える環境づくり、社会づくりを考える上で大切だと筆者は考えています。そのため、子どものアタッチメントが、子どもの個人としての心理社会的発達と「なぜ」「どのようにして」つながるのかを丁寧に見ていきたいと思います。

認知能力と非認知能力

出生後、子どもの中には生涯を歩みぬくための様々なちからが育ちます。こうした様々なちからについて、近年、大きく「認知能力」と「非認知能力」と整理する説明をしばしば見かけます。例えばOECD（経済協力開発機構）の2015年のレポート[1]によると、「認知能力」には、知識や考え方を身につけ、それらを使って物事を考え、解釈し、推論するといったちからが含まれます。一方の「非認知能力」には、目標を達成する、まわりの人と一緒にうまくやっていく、自分の感情とうまく付き合う、といったことに関するちからが含まれるとされます。

認知能力についての研究では、IQ（知能指数）や、学力テストの成績、学業達成などが扱われていて、一般的には、頭のよさ、勉強の成果に表れる能力といった形で受け止められることが多いようです。一方、非認知能力は、いかんせんその名称が「認知能力に入らないもの」というざっくりした加減ですから、多種多様なものが混載されており、研究としてもバラバラ感があります。

少しわき道にそれますね。筆者は子どもがおなかにいるときに、この「非認知能力」について研究する機会を得たのですが、研究当初は「非認知能力とはなんぞや」というところで頭を抱えました。正直、今も抱えています。我が家でもしょっちゅう「ヒニンチ」とつぶやき、話していたのでしょうね。ヒニンチとともに生まれ、ヒニンチとともに育っている子どもは、とうとうある日、話し込む私と夫の間に「ママ！　パパ！　さっきからヒニンチ、ヒニンチって、ヒニンチってなんなのよ!?」と叫びながら飛びかかってきました。

実は「非認知能力」はもともと、経済学分野で使用されて注目された用語です。その中身として想定されている、例えば他者とうまくやるちからや、心を扱うちからなどは心理学領域では社会的認知能力と呼ばれています。心理学者にとっては、人間が持つ極めて高度で社会的な認知能力が、いつのまにやら「非認知能力」と呼ばれてびっくり仰天です。加えて、「非認知能力」の議論では、私たちの性格、パーソナリティまでもが対象とされていることがあります。けれども、パーソナリティ、つまりその人らしさは、そもそも能力なのだろうかと疑問に思うことがあります。

非認知能力あらため、社会情緒的能力

そんな混乱を抱えつつ、筆者たちは「非認知能力」の研究をまとめるにあたり、社会を生きていく上で大切だと考えられるちからを「社会情緒的能力」という範囲で考え、具体的な内容を整理しました。先述のOECDのレポートや調査でも、実は最近では「非認知能力」という表現は使用されなくなり、もっぱらSocial & Emotional Skillsと表現されています。日本語にすると、社会情緒的能力となります。

我々は研究過程でこの用語を数えきれないくらい口にして鍛錬を積んだので、よもや噛むことはない、と自負しております。しかし初めて聞くという方には必ず、「シャカイジョ、シャカイジョウ……え？　何ですか？」と聞き返されます。舌を噛みそうですよね。そこで私はこのところ、「社会性や感情に関するちから」と言うのも気に入っています。

さて、その肝心の中身について、筆者たちの研究に基づき説明します[2]。**図6-1**に示すように、社会情緒的能力は三つの領域で考えることができます。自己意識、自分の感情、自己制御などが含まれる「自分に関する領域」、他者の感情や思考の理解などに関する「他者に関する領域」、そして人間関係、コミュニケーションなど「自分と他者や集団との関係に関する領域」です。

図6-1　社会情緒的能力に含まれる三つの領域の概念図

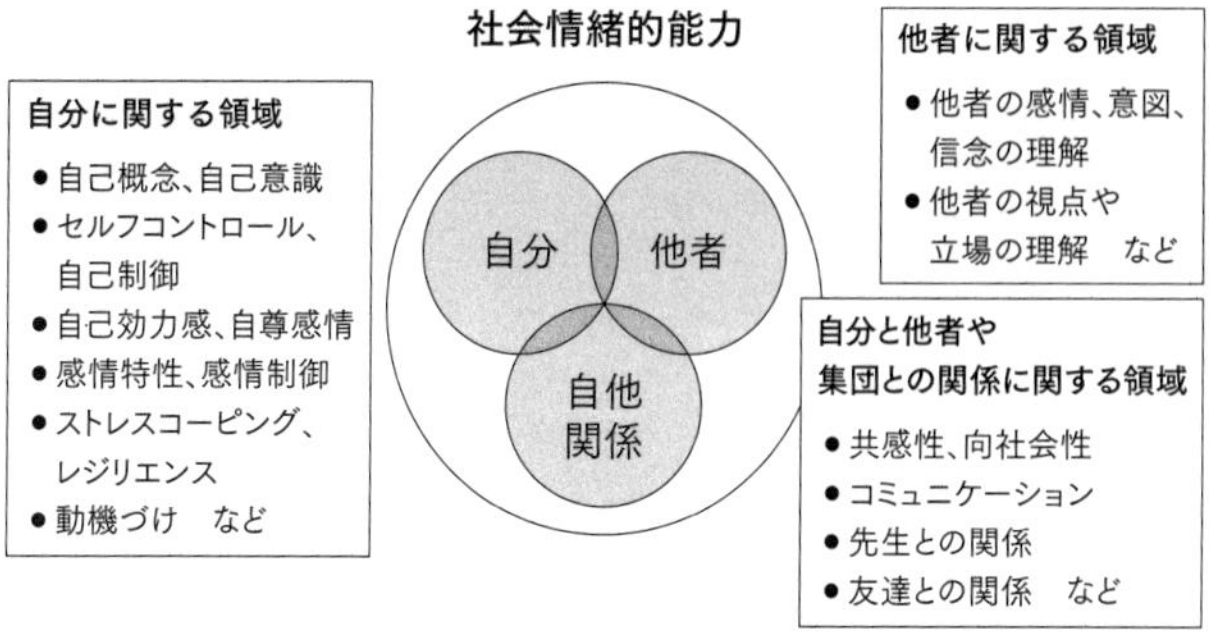

出所：国立教育政策研究所HP（https://www.nier.go.jp/04_kenkyu_annai/div09-shido_02.html）の図を筆者改変

近年の研究では、人がその一生を幸せに、豊かに、健康に生きていくために、こうした社会情緒的能力を持っていること、使うことがとても大きく関わっていることが明らかにされています。

これまでは、将来、幸せになるために「勉強しなさい」「いい成績をとりなさい」「いい大学に行きなさい」と頭の賢さを身につけることが大切だと強調されてきました。もちろん、頭の賢さ、先述の整理に従うならば認知能力も大切です。しかしそれだけでは、将来の幸せを予測することはできそうにないことから、近年、とみに非認知能力への注目が熱いわけです。そして、本書で扱っているアタッチメントが関係してくるのは、認知能力ではない方、つまり、非認知能力、あらため社会情緒的能力なのです。

なお、非認知能力については時折、「テストで測ることができないちから」などと説明され、耳目を集めているようです。しかしこの表現は誤解を招く点があります。確かに、旧来の学校や塾の学力テストでは、測ってこなかったかもしれません。ただ、自分を理解したり表現したりするちからや、他者の気持ちを理解するちからなど、社会情緒的能力を測る方法は、主に心理学分野において様々に開発されてきました。何らかの方法を使って測らなければ、実証研究として扱うことができません。

以下に紹介する研究では、心理学研究で工夫されてきた測定方法を用いて測った社会情緒的能力と、アタッチメントの個人差の関連を見ていきます。

2. 自分についてのちから

まず、社会情緒的能力のうちの一つ目の領域、自分自身に対する考えや感情、そして自分との付き合い方とアタッチメントの関連を見ていきましょう。

自分についての感情

自分に対する感情としてよく知られているものに、自尊感情があります。アメリカの心理学者ローゼンバーグの研究が有名で、自分に対して行う全体的な評価を指します。誰しも細かい点を見ればいろいろとありますが、あくまで全体的に考えたときに、自分にはいいところがある、できることがある、と自分の価値を認めて自分を自分で受け入れる感覚です[3]。

自分に対して自分なりの感情を持つ、というのは、よく考えてみるとすごいことですね。子どもは早くも、１歳半から２歳頃には「自分」という存在について認識を始めます。幼児期には、自分はこんなことができる、好きだ、こんなものを持っている、知っている、など自分のことを考えるようになり、自分に対する感情（自分のことが好き、嫌い）を持つようになります。

これまでの研究から、養育者との間に安定したアタッチメントを持っている子どもは、この自尊感情が全体として高いことが示されています。例えば５歳過ぎの幼児について、母子間アタッチメントの質は子どもが持つ自分自身への肯定的感情と強く関係していました。そして、父子間アタッチメントが安定していることは、子どもの不安や、引っ込み思案になる行動の少なさと関係していました。母親との関係、父親との関係は、それぞれの形で、子どもの自己、自信を支えていると考えられます。さらに、両親のうち一方とでもアタッチメント関係が安定していることが、子どもが肯定的な自己感や行動を育むことの支えになる点も示されています[4]。

ただ、成長するにつれて、自分についての考えは、どんどん複雑になってきます。自分のことを考えるとき、他者を意識するようになるためです。自分を誰かと比べることを社会的比較といいます。比較によって自分のよい面が見えて自信につながることもありますが、足りないところ、及ばないところがあることへの気づきにもなりえます。それによって「よし、頑張ろう」と思うこともあるでしょうし、反対に、落ち込むこともあるかもしれません。特に、社会的比較が顕著になる、思春期頃の子どもの自分に対する感情は、揺らぎやすくて複雑です。

この思春期にあたる小学校5〜6年生を対象に、お友達やまわりの人との社会的関わりの場面で「うまくやれると思う」かどうかという、自己有用感を調べた研究があります。父親との間のアタッチメントが安定している児童の方が、自分はうまくやれるという有用感を高く持っていることが示されました[5]。

他にも、子どもの頃の養育者との安定したアタッチメントが、青年期になってからの自尊感情の高さを予測するという報告があります。幼児期だけではなく児童期、思春期においても、安定したアタッチメント関係が子どもの自分に対する肯定的見方の支えとなっていることが示唆されます。

自分を大切にされる経験

それでは、なぜアタッチメントが、子どもの自分に対する感情に関連するのでしょうか。自己感、自分に対する感情のおおもとの部分はまず、自分がまわりの大人からどう扱われてきたかという歴史によって育まれると考えられます。自分がまわりから大切にされ、価値ある存在として扱われれば「自分は大切な存在なんだ」と感じることにつながるでしょう。すでに何度も触れた概念ですが、アタッチメント対象との関係の中で形成される内的作業モデルは、子どもが自分自身に抱く感覚に直接的に関わってきます。ボウルビィが示したように、安定したアタッチメント関係の中で大切に扱われる経験を通して、自分自身に対する信頼、価値を感じることができると考えられています。

自分には価値がある、意味がある、何とかやれると自分を信じられる。他人がどう言おうと、自分だけが持つ自分への感覚は、健やかに自分の人生を歩んでいくことにおいて、他に代えがたいちからであり続けるでしょう。大人が子どもをどう扱うかが、その子どもの自分自身の扱いの鏡になるのだとすれば、なお一層子どものことを、大切に、大事に扱いたいと思います。

きっと私たち大人も、かつて自分がまわりの人に大切に思ってもらえたことを、自分の扱い方として受け継いで、ここまで何とかやってきたのでしょう。どんな大人も、子どものそばにずっといることはできないけれど、大人に大切にされてきた子どもは、やがて同じように、自分自身を大切にできるようになります。そうやってたくさんの大人の思いが、ちゃんと子どもの中に残っていくから、今日も子どもに「大切だよ」と伝えたいと思います。

自分の感情との付き合い方

誰しも、自分の好きなところもあれば、変えたいところもあるでしょうが、それでも「自分」を生きていく他ありません。そのためには、自分の感情とうまく付き合う必要がありま す。嬉しい、悲しい、楽しいといった心の動きである感情は、常に自分の中で豊かに湧き起こっています。その心の動きこそが、自分であり、自分らしさでもありますが、時に、自分の中の感情に困ってしまうこともあるでしょう。強い悲しみや怒り、恐怖などは、厄介かもしれませんね。

自分の気持ちとうまくやっていくことは、感情調整の発達として研究されてきました。第４章で触れたように、アタッチメントは、大人と子どもが一緒になって、子どもの感情の崩れを調整していくプロセスです。子どもが大人と一緒に自分の気持ちとうまくやっていくことの経験は、子どもが自分で自分の気持ちを扱うことの練習になります。

３〜４歳の幼児について、母親との間のアタッチメント、また、子どもが通う幼稚園や保育所の先生との間のアタッチメントが安定している子どもは、怒りを感じたときのコントロールが上手だという研究があります[6]。怒りを感じることは、誰しもあることですが、その感情をどうするかが大切ですね。

別の研究によると、親とのアタッチメントが安定している幼児は、怒りや悲しみを感じたとき、幼稚園や保育園の先生にどうすればよいのか助けを求めたり、情報を求めたりして、まわりと一緒になって自分の気持ちを調整しています。一方、回避型のアタッチメント表象を持つ子どもは、まわりの人と一緒になって気持ちを整えることが少ないようです。回避型、および、組織化されていないタイプのアタッチメント表象を持つ子どもは、怒りの感情を扱うことが苦手で、衝動的にふるまいやすいことも示されています[7]。

落ちつくための大人の手助け

感情、特に、怒りや悲しみや恐れといった否定的感情は、子どもにとって扱いが厄介です。だからこそ、それらはアタッチメント欲求を活性化させ、大人と協同して怒りや恐れや悲しみが鎮まるようにと強力に方向づけます。

第3章で詳述したように、アタッチメント研究で重視される大人の姿勢の中核には、子どもの感情に対する態度や行動があります。子どもが安定したアタッチメント関係を築く大人には、子どもの否定的感情に対して、基本的に受容的、応答的、そして温かさを持って接するという特徴があります。

怒りを、あるいは悲しみを感じるのは自然なことです。感じること自体を否定するのではなく、自分の感情の波におぼれそうで、もがいている子どもに対して、大人が、その波は必ず鎮まることを伝え、鎮まるまで支えたいと思います。その具体的なやり方は、第4章で示したように、感情の映し出しであり、言語化であり、慰めであり、また、感情を生起させている原因の解決であったりするでしょう。大人から手助けを得て、子どもは自分の気持ちの波が穏やかになることを経験しながら、気持ちを整えるやり方を、今度は自分でやってみるようになっていきます。

誰であれ、怒りや恐れ、悲しみを感じる機会から完全に逃れることはできませんから、感じたときにどうするかを学ぶ必要があります。そして、その学びは、子ども一人ではとても達成できません。だから、どうしても、気持ちを抱えてくれる大人を、子どもは必要としています。

感情面における賢さ

感情面における賢さは、少し前から感情知性（emotional intelligence）と呼ばれて注目されてきました。知的な賢さを指す知能指数（ＩＱ）と対比させて、「こころの知能指数（ＥＱ）」[8]と表されることもあるようです。感情知性の構成要素の中には「感情の制御と管理」というものがあります。やるべきことやＴＰＯに合わせて、感情の強さ、長さ、表現を調整するちからが想定されています。

確かに、相手や場面に合わせて穏やかに、和やかにいられること、あるいは共に喜び、共に泣けるというような人は、それが仕事の場であったりすると「できる人だなぁ」と賢さを感じさせます。社会で成功するためにはＩＱだけではなくてＥＱも必要、という説に、多くの方が納得されるのではないでしょうか。

一方で、いつも「和やか」一辺倒だと、それはそれで、ちょっと不気味な感じもしませんか。いつもにこにこしているけど、何を考えているか分からない人とは、関係を築きにくいところがあります。実は、感情知性の中には「感情の表現」という部門があります。つまり、自分が感じたり思ったりしていることを自分でちゃんと分かり、それを周囲にちゃんと伝えることも、感情面における賢さの一側面であるわけです。

これは、幼い子どもにおいても同様に大切です。子どもはいつだって自由気ままに表現しているではないか、と思われるかもしれません。でも、そういうわけでもないのです。子どもは自分の感情の表現の仕方を、日々の生活の中で学びます。顔の表情のパターン（嬉しいときは笑顔になるなど）自体はかなり生得的であると考えられますが、例えば「うきうき」とか「嬉しい」という言語表現は、生まれた後の生活の中で学びます。子どもは2歳頃から、自分の思っていること、感じていることを言葉で表現し始めます。そうした言葉による表現の発達は、日頃、その子どもが大人やお友達とのやりとりにおいて、どれほど豊富に、心の状態を表す言語表現に触れているかに影響を受けています。

また、子どもは、自分が感情を表現したときにどう扱われるかを、経験を通じて学びます。

自分の感情が相手に受け止められ、価値を持って扱われることを体験すると、子どもはこの先も、感情を表現することの意味を信じられるようになります。

もっと泣いていいのに、もっと笑っていいのに、と感じてしまう子どもに出会うと、私は「感情調整が上手ですね」とは思えません。どんな気持ちか教えてよ、安心して表に出していいんだよ、と伝えたくなります。もちろん、どんなときにどんな気持ちを感じやすいのかには、もともとその子どもが持っている特徴があります。アタッチメント関係をはじめ、周囲の大人との関わりからの影響のみで、子どもの感情の経験や表現の特徴を説明することはできません。それでも、子どもが心のうちをその子どもなりに表すことができるように、その結果、誰かと一緒に心を抱える練習ができるように、周囲の大人が助けることはできるように思います。

大人であっても、自分がどんな人となら一緒に笑えて、どんな人がいてくれたら安心して泣けるかを考えてみてください。子どもが泣いたり笑ったりすることは、子どもなんだから当たり前、といえるほど単純ではありません。だからこそ、子どもが泣いたり笑ったりすることを、当たり前にできるようにと願っています。

3．相手を理解するちから

次に、社会情緒的能力の二つ目の領域である「他者理解」の育ちを見ていきましょう。相手が思ったり考えたりしていることを理解するようになる発達にも、アタッチメント関係が関連していることが研究されています。

相手の感情を理解する

まず、相手の感情の理解や推測の育ちについて、幼児期から児童期頃の様子を、実験的に検討した研究に依拠しながら概観しておきましょう[9]。

2歳頃の子どもに笑顔のイラストを見せ「これはどんなお顔？」と質問すると、「にここに」「嬉しいとき」などと答えます。表情の背景にある感情を、子どもなりに言葉で説明することができるのです。また2〜3歳頃の子どもにいろいろな表情のイラストを見せ、「嬉しいときのお顔はどれ？」「悲しいときのお顔はどれ？」と質問すると、正しい表情を選ぶことができます。

3歳頃には、「プレゼントをもらった」「大切にしていたおもちゃが壊れてしまった」というような状況にいる人物がどのような感情を味わうのかを、推測できるようになります。これまでに、自分自身がそうした状況を経験しているのでしょう。その感情の体験を重ねて、他者の感情を推測していると考えられます。

5～7歳頃になると、より複雑な状況でも相手の気持ちを推測できるようになっていきます。例えば、「自分はミカンが大好きだけど、Bくんはミカンが嫌い」という場合、箱の中にたくさんのミカンが入っているのを見つけたBくんはどんな気持ちになるか、という質問に答えられるようになります。この場面では、自分とBくんの好みの違いを区別し、Bくんの立場に立ってBくんの気持ちを推測することが必要です。

また、人の感情には、その人の知識が影響していることの理解も進みます。例えばウサギが、大好きなニンジンを今にもかじろうとしている場面を子どもに示します。けれども、ウサギの背後には怖いオオカミが隠れていて、ウサギを食べようと狙っています。お話を聞いている子どもは、オオカミの存在を知ってしまいました。一方、ストーリーの中のウサギは、オオカミに全く気づいていないのです。さてこのときのウサギは、どんな気持ちでいるでしょうか。子どもは自分とウサギの知識の状態を区別し、子ども自身は知ってしまった事実を知らないウサギの立場で、ウサギの気持ちを推測できるようになっていきます。

相手の考えを理解する

自分と他者は、同じ場面、同じ現実に対して、違うことを思ったり考えたりします。そして人は、その人なりの心の状態、つまり、その人なりの考えや知識、好み、願望や欲求に従って行動をしています。人の行動を、その人の心の状態と結びつけて理解、推測することを、心理学では「心の理論」を持つと呼びます。

「心の理論」を持っているかどうかを調べる実験課題に、「誤信念課題」があります。イギリスの心理学者バロン＝コーエンらが開発した「サリー・アン課題」（図6‐2）は、心理学を学んだことがある方であれば、きっとご存じのものだと思います。「サリー・アン」課題では、以下のようなお話を子どもに示します。

サリーがビー玉を持ってきて自分のカゴに入れました。その後、サリーは部屋を出て散歩に出かけます。サリーがいない間に、アンがサリーのカゴからビー玉を取り出し、自分の箱に入れました。そしてアンは部屋から出ていきます。そしてこの後、サリーが再びお部屋に戻ってきました。さて、ビー玉で遊ぼうと思ったサリーがビー玉を探すの

図6-2　サリーとアンの課題

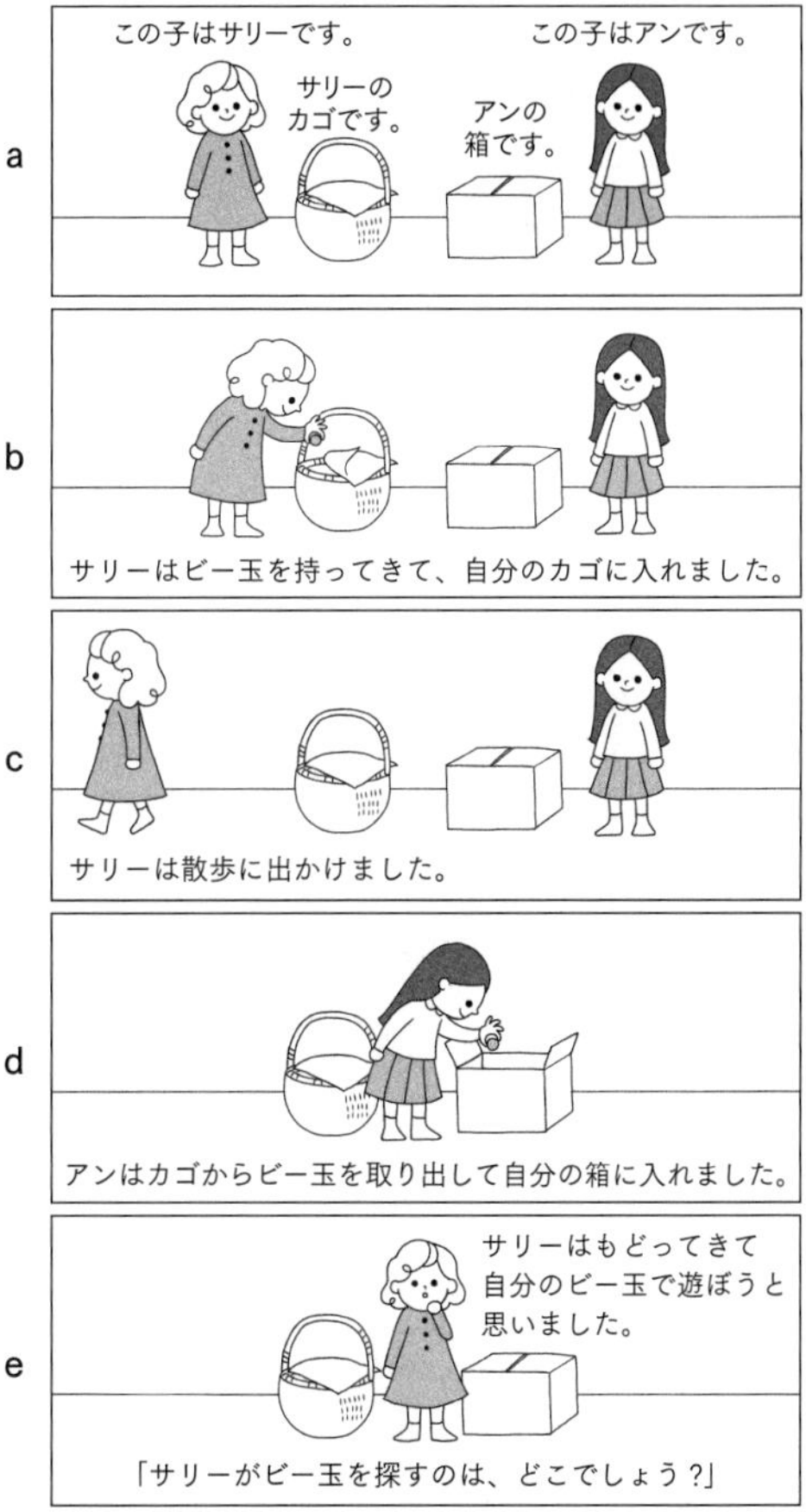

出所：Baron-Cohen, et al. (1985)；ウタ・フリス（著）、冨田真紀・清水康夫・鈴木玲子（訳）（2009）「新訂　自閉症の謎を解き明かす」を基に作成

はどこでしょう？[10]

この質問に正しく答えるには、「サリーの頭の中」を推測して、サリーの考えていること（これを、信念と呼びます）に基づき、サリーがビー玉をどこに探しに行くのかを予想しなければなりません。サリーとしては「ビー玉はカゴにしまった」のであり、よもやアンがそのビー玉を自分の箱に移動させたなんて知りもしないわけですから、「サリーはカゴに探しに行く」が正解です。

これまでに世界中で多くの３歳、４歳、５歳児がこの実験の対象となってきました。３歳児の多くは、「箱」と回答します。子どもは、アンによってビー玉が箱に移されたのを目撃していますし、現実としてビー玉は箱の中にあることを知っています。サリーの頭にある、現実とは異なる考え（これを誤信念と呼びます）を、現実や自分の知識と切り離して考え、サリーの行動をサリーの心に照らして予測することはまだ難しいのです。早ければ４歳を過ぎてから、多くの子どもは５歳にかけて正解できるようになり、「心の理論」を身につけるようになると考えられています。

誤信念課題には、さらに難しいバージョンもあります。少し長いお話ですが、「お誕生日課題」を紹介しますので、皆さんも一緒に考えてみてください。

今日はピーターのお誕生日です。ピーターはプレゼントに子犬がほしいと思っていました。ピーターのお母さんは、ピーターに内緒で子犬を買ったのですが、ピーターを驚かそうと、その子犬を地下室に隠しておきました。そしてお母さんはピーターに、誕生日のプレゼントにはおもちゃを買ったよ、と伝えたのです。ところがピーターは、偶然、地下室に隠されていた子犬を見つけてしまいました。お母さんは、そのことを知りません。その頃、ピーターの家に、ピーターのおばあちゃんから電話がかかってきました。電話に出たお母さんが、おばあちゃんと話をしています。おばあちゃんはお母さんに、「ピーターは誕生日のプレゼントに何がもらえると思っているのかしらね？」と聞きました。さてここで、問題です。お母さんは、おばあちゃんのこの問いに対して、なんと答えるでしょうか。

先のサリー・アン課題では、「サリーがどう思っているのかを考える」のがタスクであり、これは一次の誤信念課題と呼ばれます。一方、「お誕生日課題」では、「お母さんは、ピーターがどう思っているのか」を考える必要があります。考えるべき人物の心の状態が入れ子になっていて難しいので、二次の誤信念課題と呼ばれています。ちなみにこの課題の正解は「おもちゃ」となりますが、これに正答するのは小学校の3年生頃からであるようです。問題の途中でストーリー内容の確認を丁寧にすることで、小学校低学年でも答えられることができるという知見もあります[11]。

ここまで概観してきた、相手の感情や信念を理解するようになる発達は、アタッチメントと関連することが示されてきました。特に初期の研究では、アタッチメントが安定している子どもは、他者の感情理解や信念理解に優れることが報告されています。

ここでよく考えたいのは、なぜ、安定したアタッチメントが関連を持つのかという仕組みです。これには、第3章で示したメンタライジング、心で心を思うことについての議論が密接に関わってきます。第3章では、大人が幼い子どもの心について考えるというメンタライジングを示しました。一方、心について考えるメンタライジングは、子どもの側にも育っていきます。前の節で示した、自分への感情や自分の感情の扱い方は、自分自身に対するメンタライジングです。この節で取り上げている、他者の感情や信念の理解、推測は、子どもが他者に対して示すメンタライジングとなります。

大人と子どものメンタライジング

現在では、安定したアタッチメント関係それ自体、というよりも、その関係において大人が子どもに示すメンタライジングの姿勢が、子どものメンタライジングの育ちを支えているのではないかと考える説が注目されています。

イギリスの心理学者マインズ教授らが行った、赤ちゃんに対する大人のマインド・マインデッドネスについての実証研究を紹介しましょう。この研究では、子どもが生後６カ月のときに、母親のマインド・マインデッドネス（幼い赤ちゃんを心的行為者であると捉え、気持ちについてたくさんおしゃべりすること）が測定されました。その後、子どもが12カ月になった時点で、母子間のアタッチメントタイプがＳＳＰで測定されました。

ここで注目したいのは、その親子をさらに追跡した調査の結果です。子どもが４歳、５歳になったとき、子どもに誤信念課題などの実験が行われ、メンタライジング能力が測定されました。実は、ＳＳＰで測定された乳児期のアタッチメントのタイプは、その子どもが幼児期に示すメンタライジング能力と関係していませんでした。しかしながら、かつて母親が示したマインド・マインデッドネスの高さ、つまり、生後６カ月時に乳児の心的状態について目を向け、心についての会話をしやすかった親の元で育っている子どもは、4歳のときに、誤信念課題に正しく回答することができました。さらに子どもが5歳になったときの調査でも、乳児期にマインド・マインデッドネスが高かった親の子どもの方が、他者の思考や意図について考えようとする姿勢を持っていました[12]。

第4章で紹介したように、筆者も母親のマインド・マインデッドネスについて、ビデオ映像刺激を用いた独自の実験によって測定をしました。そして、その親子を追跡調査することで、子どものメンタライジング能力の発達との関連を調べました。子どもが2歳、3歳、4歳になった時点でそれぞれ、他者の感情を理解する能力を調べるための実験をしました。すると、生後6カ月時にビデオ実験で測定したマインド・マインデッドネスの得点が高かった母親の子どもが、より感情理解に優れていることが分かりました[13]。

このように、近年では大人のメンタライジングの特徴が、子どもが示す感情の発達や誤信念、欲求や意図を理解する能力の高さを予測することが注目されています。反対に、実は子どものアタッチメントのタイプや安定性自体は、子どもが他者の心を理解する能力に、直接には関連していないという研究結果があります。

大人が子どもの心に目を向ける特徴は、子どもがその相手との間に安定したアタッチメントを形成することを支えています。同時に、そのアタッチメント関係の中では、大人が子どもと心を交わすやりとりを重ねていて、そのことは、子どもが自分や他者の心に気づき、それについて考え、理解することを促す格好の環境になっていると考えられます。

ただし、筆者の研究では、ちょっと面白い結果が得られています。生後6カ月に測定した母親のマインド・マインデッドネスの状態を、「高い」「中くらい」「低い」の三つのグループに分けてみると、「中くらい」の母親グループの子どもが、4歳になったときの誤信念課題に最もよく正答しました。マインド・マインデッドネスが「高い」母親は、子どもと心に関する会話をたくさんしています。しかし、「中くらい」の母親とのやりとりの方が、子どもが自分で相手の心を推測する余地があったのかもしれません。大人がなんでもやってしまうのがいいわけでもないことを、教えてくれる結果のような気がします。

4. 人間関係のちから

最後に、社会情緒的能力の三つ目の領域、人間関係について見ていきます。第5章の最後でも触れましたが、親子間、あるいは幼稚園や保育園の先生との間に安定したアタッチメント関係を持つ子どもは、園でのお友達関係が良好で、仲よく過ごしやすいといった知見が多くあります。ここでは、大人との間のアタッチメント関係が、どのようにしてお友達などとの人間関係と関連してくるのかを考えたいと思います。

内的作業モデルによる影響

一つ目に、アタッチメントの個人差は、内的作業モデルを介して新しい人間関係へと影響すると考える旧来の見方があります。幼少の頃から繰り返し経験してきた関係の歴史、特に親や保育園、幼稚園の先生などとのアタッチメント関係の中でつくられてきた内的作業モデルは、新しい人間関係にも活用されると考えられます。相手は信頼できる、自分は相手から大切にされる、という内的作業モデルは、不安なく自信を持って新しい人間関係を築くことに向き合う態度にも表れるでしょう。こうした背景から、子どもが新しく出会い、関係を築くお友達との間に、子どもが経験してきたこれまでのアタッチメント関係の特徴が関連していると考えることができます。

また、お友達との関係がうまくいかないとき、どうしたらよいか困ってしまうとき、親や先生を安全な避難所として頼ることができるのも、重要な点になるでしょう。皆さんも、人間関係にまつわる悩み事を誰かに聞いてもらって、心が軽くなることがありますよね。こんな話もきっと聞いてくれる、応援してくれると信じられる相手だからこそ、ちょっと話してみようと思えますよね。子どもにとっても、相談できる、助けを求めることができる大人の存在は、直接的、間接的に、子どもが経験するいろいろな人間関係を支えていると考えられます。

社会情緒的能力の影響

ここまで、親や先生との間のアタッチメントが、子ども自身の感情表現、感情調整、あるいは相手の感情や信念理解の発達と関連しているという研究を紹介してきました。自分の気持ちを表現したり、整えたり、相手の気持ちを思うことは、子どもがお友達との関係を作っていくとき、とても大切なちからになっていると考えられます。

第5章で紹介した父子間アタッチメントの研究では、それが安定している子どもは、人に関わり、人と一緒にやりとりをするような場面で「自分はうまくやっていける」という自己有用感を高く持ちやすいことが示されていました。実はこの子どもたちは、こうした自信を持っていることを通して、実際に良好な友達関係を持ちやすいことも分かっています。

注目したいのは、父子間アタッチメントの質が直接に子どものお友達関係の良好さと関連するのではなくて、自己有用感の高さを介して関連を持つという点です。他にも、大人とのアタッチメント関係自体というよりも、そのアタッチメント関係の中で育まれる感情調整の上手さが、お友達との良好な関係とつながっていることを示す研究もあります。やや複雑ですが、こうした関連の仕方を媒介効果と呼びます。

大人とのアタッチメント関係の経験は、まず、子どもの社会情緒的能力の発達を支えます。そして、その社会情緒的能力が、子どもが自分で作っていく新しい人間関係の形成に役立つというわけです。近年は、アタッチメント関係による直接的影響よりも、この媒介型の影響に注目が集まっています。旧来の「大人との人間関係がコピー元になって、次々に新しい人間関係にスタンプされていく」といった説明よりも、こうした知見の方が、よりよく関連の仕組みを説明できるのではないかと考えています。

自分で関係を作るちから

子ども同士の関係やコミュニケーションは、お互いにまだいろいろと育ちの途中です。子どもたちは、相手と関わりながら、いろいろなことができるようになっていきます。社会情緒的能力の発達には、子ども同士で刺激を受け合い、育っていく側面が多くあります。ですから、社会情緒的能力の高さと、良好なお友達関係の経験について、どちらが鶏でどちらが卵かを定めることは簡単ではありません。

それでも、大人との間のアタッチメント関係と、子どもが自分で切り開いていく人間関係に関連があるという知見の解釈において、子どもの社会情緒的能力の育ちを考慮する意味は大きいと考えます。

例えば、お友達にすぐ怒ってしまう、すぐにけんかになって、そのけんかをうまくおさめられない、といった姿が目立つ子どもがいるとします。子どものこうしたふるまいの背景を考えるとき、親子関係が安定していないからだ、と推測することがあるかもしれません。

親子関係の支援の必要性や効果を否定するわけではありません。ただ、怒りの調整、自己表現、相手の理解など、子どもが不得手としていることがあるならば、その育ちを支える人間関係を、幼稚園や保育園、児童館、地域の大人などが、築くことができるかもしれない、とも思うのです。

子どもの社会情緒的能力の育ちを軸にすることで、それを育てるための環境づくりを考える視点が生まれるように思います。子どもにとって、誰かとの間に安心感の輪を経験することは、それを土壌として自分の心を扱うちから、相手の心を思うちからの発達を支えてもらう経験になります。それが次なる人間関係へとつながっていく道になるでしょう。子どもの社会情緒的能力が育つ土壌は、一つの場所だけではないと思われます。

5．子どものちからを育む環境

この章では、子どもが特定の大人との間に築くアタッチメント関係のタイプ、個人差に着目して、社会情緒的能力や人間関係との関連についての知見を紹介しました。概観すると、安定したアタッチメント関係を持つ子どもには、不安定なアタッチメント関係を持つ子どもよりも、社会情緒的能力の発達に優れている様子が見られます。

ちなみに、社会情緒的能力を「非認知能力」と呼ぶならば、もう一方の認知能力の方については、なかなか解釈が難しいところです。研究結果が様々であり、安定したアタッチメント関係を持っている子どもの方がＩＱが高いとか、お勉強ができるとは、単純にはいえない状況です。ですから、アタッチメント関係は、「非認知能力」の領域において影響を持ってくるというのが、現在の研究が示していることだと考えられます。

本章で紹介した知見に触れることで、だから安定型であることが大事だ、アタッチメント関係が安定していないと子どもの育ちが大変だ、という思いが胸に広がった方がいらっしゃるかもしれません。しかし、筆者がこれらの知見の紹介を通して、皆さんと一緒に考えたかったのは、アタッチメント関係が安定しているかどうかということではなく、子どもの心の育ちの仕組み、機序、どんな経験やどんな環境が、どのように育ちを支えているのかという点につきます。

アタッチメント関係の個人差研究では、子どもたちを集団、グループとして比較します。例えば、母子間アタッチメントが安定している子どものグループ50人の「心の理論」課題の平均値と、不安定な子どものグループ50人の平均値を比較します。集団として考えると、安定群の方が得点の平均値が高い、ということが統計的に確かめられて、研究知見として発表されています。

どんな研究結果もそうですが、集団レベルで見えてくる違いを、一人ひとりにそのまま当てはめることは、難しいものです。安定型で課題に正答しない子どもも、不安定型で早くに正答する子どもも、当然ながらいます。「個人差」というネーミングから直感的にイメージされるほどに、個人にフォーカスしていないのが、個人差研究の実態です。個人の特徴に基づいてグループを作って、そのグループとグループの間の違いを調べているのです。

加えて、例えば心の理論課題などは、アタッチメント関係が安定していようといまいと、5歳を過ぎれば多くの子どもが正答するようになります。アタッチメント関係の安定云々が議論しているのは、せいぜい何カ月、正答するのが早いか遅いかという小さな違いということです。そして第5章に示しましたが、不安定型と呼ばれる子どもたちについては、それはそれで適応の姿であり、アタッチメント欲求を大きく活性化したり、逆に小さく表現したりして、それぞれの相手から安心感を得ているという姿も思い出したいことです。

子どものこころは大人と育つ

それではアタッチメントの個人差と子どもの発達の関連の研究は何を示唆するのかという点について、筆者はやはり、子どもたちの発達を支える環境づくりへの知恵を与える点が大きいだろうと考えます。グループとグループを比較してやっと見えてくるような小さな違いですが、それでも、それぞれのグループの子どもたちが持っている経験の違いが、発達の様相と関連しているのであれば、その発達を支える仕組み、子どもが育つ環境の特徴に、一歩、迫ることができると考えます。

筆者はアタッチメント自体というよりも、アタッチメント研究が教えてくれる、子どもの社会情緒的発達を支える要因、仕組みの方に大きな興味があります。ですから、筆者はアタッチメントの安定そのものについて強調したいのではなく、代わりに、結果的にはアタッチメントの安定にもつながるかもしれない、さらに社会情緒的能力の育ちにもつながるかもしれない、「大人が子どもの心を思うこと」の意味を伝えたいと考えました。現状では、親子間のアタッチメントに着目した研究が多いのですが、親に限らず、子どものまわりにいる大人が、その子どもの心を思い、つながっていくことで、子どもの心が育つ環境をつくることができると思うのです。

何が子どもの心の発達の支えになるのか、ならないのか。基礎研究が示す結果は、小さな知恵に過ぎないでしょう。それでも、いろいろな子どもたちに、いろいろな大人たちが様々に関わっていく社会を作るときに、きっと活きてくると考えています。

1　OECD (2015). Skills for social progress: The power of social and emotional skills, OECD Publishing.
2　国立教育政策研究所、（２０１７）、非認知的（社会情緒的）能力の発達と科学的検討手法についての研究に関する調査報告書（平成27年度プロジェクト研究報告書）.
3 Rosenberg, M. (1965) Society and the Adolescent self-image. Princeton University Press.
4 Verschueren, K., & Marcoen, A. (1999). Representation of self and socioemotional competence in kindergartners: Differential and combined effects of attachment to mother and to father. Child development, 70(1), 183-201.
5 Coleman, P. K. (2003). Perceptions of parent-child attachment, social self-efficacy, and peer relationships in middle childhood. Infant and Child Development: An International Journal of Research and Practice, 12(4), 351-368.
6 Denham, S. A., Blair, K., Schmidt, M., & DeMulder, E. (2002). Compromised emotional competence: Seeds of violence sown early?. American Journal of Orthopsychiatry, 72(1), 70-82.
7 Stefan, C. A., & Negrean, D. (2022). Parent-and teacher-rated emotion regulation strategies in relation to preschoolers' attachment representations: A longitudinal perspective. Social Development, 31(1), 180-195.
8 ゴールマン，D.（著）、土屋京子（訳）、（１９９６）、ＥＱ～こころの知能指数、講談社.
9 Pons, F., Harris, P. L., & de Rosnay, M. (2004). Emotion comprehension between 3 and 11 years: Developmental periods and hierarchical organization. European Journal of Developmental psychology, 1(2), 127-152.
10 Baron-Cohen, S, Leslie, A. M., Frith, U. (1985) Does the autistic child have a "theory of mind"?.

Cognition, 21 (1), 37-46.

11 Sullivan, K., Zaitchik, D., & Tager-Flusberg, H. (1994). Preschoolers can attribute second-order beliefs. Developmental Psychology, 30, 395402.

12 Meins, E.,Fernyhough, C.,Wainwright, R.,Clark-Carter, D.,Das Gupta, M.,Fradley, E., & Tuckey, M. (2003). Pathways to understanding mind: Construct validity and predictive validity of maternal mind-mindedness. Child Development. 74, 1194-1211.

13 篠原郁子、（２０１１）、母親の mind-mindedness と子どもの信念・感情理解の発達：生後5年間の縦断調査、発達心理学研究、22(3). 240-250.

コラム 6

おねえちゃんパンツにあこがれる

保育園の2歳児クラスに通っていた頃、園ではオムツではないふつうのパンツのことを「おねえちゃんパンツ」「おにいちゃんパンツ」と呼んでいました。

トイレの感覚がつかめてきて、自分でトイレに行きたいと言えるようになってくると、クラスの先生が「今日は『おにいちゃんパンツ』で過ごしてみようか」と提案してくださいます。そう言われると、子どもはなんとも誇らしげです。ネーミングも絶妙で、なんだかちょっとカッコいい、私も僕もそれをはきたいと思わせてくれる、ちょっとあこがれのパンツなのです。

そして、このおねえちゃんパンツにあこがれたのは、子どもだけではありません。私も、

「おねえちゃんパンツ、カッコいい！」とすっかり夢中になりました。クラスの先生から昼間のおねえちゃんパンツにGOサインをいただいてからしばらく経った日、子どもに「夜もおねえちゃんパンツで寝てみる？」と提案してみたのです。子どもはもちろん「寝てみる！」と大よろこびです。寝る前にちゃんとトイレにいって、いざ、就寝。

夜中の2時頃でしょうか。「ママー、おしっこ出たー」と子どもが起き上がって言いました。そうかぁ、出たかぁ。まぁ、そうなるだろうと思っていたので、お布団の下に防水シーツを敷いていました。まだ暑さの残る時期でしたので、かぶっていたタオルケットはうまく蹴飛ばされて事なきを得ました。とりあえずシャワーで体を流し、タオルで拭き、パジャマを着替え、シーツを替えて、再び寝ることに。このとき、私の、おねえちゃんパンツへのあこがれが強すぎたのでしょうね。またパンツをはかせて寝ました。

そして再び横になること1時間。「ママー、おしっこ出たー」。また！　私は、今しがた行った全ての作業をそっくりそのまま繰り返しました。つまり、またパンツをはいて寝かせました。

そうしてまた1時間後、「ママー。出たー」。えぇ？　また？　再び全部の作業を繰り返します。お水も何も飲んでいないのに、どうしてそんな小さなおなかに、そんなにたくさんおしっこが入っているの？　眠くてくたくたで、おかしな疑問が湧いてきます。もう出ないでしょ、と思い、私はまたパンツをはかせました。

そろそろ窓の外が白々し始めたころ「ママー」。もう、眠くてしかたない子どもに起き上がる元気はなく、抑揚のない声で私を呼びます。何と、4回目のお着替え、シーツ替えです。しゃべる元気もなく黙々と作業し、今度ばかりはオムツをはかせて、やっとやっと、眠りにつきました。

朝、我が家のお風呂場には、4着のパジャマと、4枚のシーツとタオルが山となっていました。私は昨夜、いったい、何と戦っていたのでしょう……。その休日の朝、子どもは午前中から盛大にお昼寝ならぬ朝寝（？）をし、私は5回、洗濯機を回しました。おねえちゃんパンツは、まだ早い。そのことを、心の底から、おなかの底から、納得しました。

子どもの方は、もう1回目のおもらしでオムツがいいと思っていたんじゃないかしら。ごめんね、ママのあこがれが強すぎました……。でもまぁ、何事も、やってみなくちゃ、分からないこともありますよね。

結局、夜はオムツだということで夏が終わり、秋も冬も過ぎた頃、おねえちゃんパンツで朝までぐっすり眠る日がやってきました。子どもの育ちのタイミングに合えば、全くすんなりとおねえちゃんパンツの生活へとうつっていきました。

洗濯機の連続稼働回数5回の記録は、あの日から更新されていません。

終章

伸びゆく子ども

いつでもここから

ここまで、いろいろな角度からアタッチメントについて考えてきました。本書をお手に取られる前は、アタッチメント、あるいは愛着という表現に対して、ぬくぬくした温かいイメージを持っていた方もいらっしゃったかと思います。

けれども、アタッチメントは基本的に、不安や恐怖や苦痛やストレスなどを感じている、あるいは感じそうなときに動き出す心の仕組みです。こんな怖いのは嫌だ、不安なのは嫌だ、安心感を取り戻したいと大人にくっつこうとする子どもの欲求がアタッチメント欲求であり、そんな子どもの気持ちを一緒になって整えて、立て直して、子どもに安心感を与える大人との心のやりとりが、アタッチメント関係の中心のところでした。

そのうえで、大切なこととしてあらためて強調しておきたいのは、アタッチメントのタイプというのは関係の特徴であって、その子ども個人の特徴ではないこと、また、同じ人との関係であっても、赤ちゃんのときのタイプがずっとそのまま続くというわけではないということです。子どもと相手との間で同じような関わりが続いていれば、そのやり方が子どもにとっては安心感を得るために最も適応的ということで続いていくでしょう。相手の行動パターンが変われば、子ども側もまた違うやり方でその相手にくっつき、安心感を得ようとするでしょう。関係は、いつでも、ここから、続いていきます。

さて、最終章の本章では、アタッチメントについて「みんなで子どもにつながる」「みんなの心で心を思う」「あなたの心を思ってもらう」という3つの視点でおさらいします。そして、子どもの心のみならず、大人の心を思うことの大切さについて考え、本書をしめくくりたいと思います。

1. みんなで子どもにつながる

筆者は、これからの子どもの育ちにはたくさんの人が交わって、異次元の参加規模になっていくといいと考えています。

先日、子育てがテーマのおしゃべり会の様子を聞く機会がありました。ある参加者が「子どものいない私が、なぜ子育てのおしゃべりの場に呼ばれたのかと不思議に思いました。でも、こうやって、子育てをしている人も、直接はしていない人も、いろんな人が子どもについておしゃべりするっていうことが、これから大事なのだなと思って来ました」と話しておられました。私はその姿勢に、とても感動しました。社会に生きて、社会を作っているいろいろな大人が、それぞれに、どこかで、子どもにつながっていると思います。

筆者は、子どもの親だけではなく、様々に子どもにつながりうる、幅広い大人に読んでいただきたいと願いながら本書を執筆しました。アタッチメント研究の対象となっているのは親が多いですが、現実の社会では、いろんな人が子どもにつながっており、また、つながることができます。そして、そのことは子どもを力強く支えています。

大人である私たち一人ひとりは、身のまわりにいる子どもたちの育ちを支えたいと思うとき、子どものアタッチメント・ネットワークの成員として機能できる可能性があります。それぞれの大人が子どもの安心の基地に、安全な避難所になろうとすることには、意味があるのだと思います。

子どもが手を伸ばす相手は誰？

アタッチメント関係は、子どもが「この人」という大人との間に形成するものです。子どもの普段の日常的な生活の中に継続して、また、一貫して存在し、子どもの心身の世話をして情緒的な投資をしている大人は、子どもがアタッチメント関係を取り結ぶ相手になりうると考えられています[1]。子どもにとって、いつもの場所で、いつも会える人。子どもの様子を気にかけて、寄り添ってくれる人。今は怖くても、不安でも、きっと立ち上がれることを信じてくれる人。子どもが幸せであるようにと願って支えてくれる人。そんな大人たちに囲まれて、一日一日が重なって、子どもは育っていきます。

幼い子どもは、相手が親だから、先生だからと、履歴書と続柄を確かめた上で、絆を築くわけではありません。うえーん、という子どもの泣き声を聞いて、どうしたのかなと目を向ける。子どもが伸ばした手を、握り返す。それが日々続いて、重なって、いつしか子どもとその大人の間にあるものが情緒的な絆と呼ばれるのだと思います。この順番を、筆者はとても大切だと思っています。

親との間で、十分に安心感を得ることが難しい子どももいます。その子どもの様子を知り、何かできないかと、あなたは考えているかもしれません。そんなとき、親との関係をどうこうしようとするのではなく、あなたがその子どものアタッチメント対象になるというつながり方も、あると思うのです。

第5章では、統合的組織化モデルや、独立並行的組織化モデルを紹介しました。いろいろな人とのアタッチメント・ネットワークの中で、とにかく世界の中で「誰か」との間に安心を感じられるということは、子どもにはとても重要です。どこかに頼りにできる関係があり、自分が大切にされ、人を信じることができるという感覚を経験することで、「大丈夫。何とかなる」という心持ちが、きっと子どもの中に育っていくだろうと考えます。

みんながみんなを支える

子どものアタッチメント対象になる可能性を、私たち大人はきっと誰もが持っています。ただ、逆説的ですが、それゆえ同時に、大人の誰もがいつも、子どもにとっての唯一無二で完全な基地、避難所であるわけではなく、その必要もありません。それは、大人が自分を追い詰めて、全責任を一人だけで果たそうと頑張りすぎなくてもいいということにも、つながってくるように思います。本書では、大人にできることは何だろうと考えてきましたから、たくさんの「あれも大切」「これも大切」「こんなことも研究されている」「あんなことも報告されている」を並べてしまいました。けれども、それを全部一人でやり遂げようと、意気込む必要はないのです。

それぞれの大人にも得意・不得意があります。経験の豊富さが生きること、逆に経験がないことが新鮮さや丁寧さにつながることも考えられます。それぞれ違う強みと弱みを抱える大人たちですが、だからこそ、結果的に補い合えるところもあるように思います。みんなで子育て、と言いますが、子どもにも、大人にも必要な「みんな」なのかもしれません。

2．みんなの心で子どもを思う

本書では、子どもの安心の基地や安全な避難所となるために、大人にできることを考えてきました。第2章では「敏感性」という大人の特徴に着目し、第3章では近年着目されているマインド・マインデッドネス、洞察性、情緒的利用可能性について紹介しました。いずれも、大人の心で子どもの心を思うという、大人のメンタライジングに関するものです。大人のメンタライジングを働かせて子どもに関わることは、子どもの安定したアタッチメント形成を支えるだけではなく、子どものメンタライジング能力の発達を積極的に支えています。

大人が子どもの心を思うことの重要性は大きいと考えますが、それと同時に、それは完全ではないという現実と、完全でなくてよいということも、あらためて確認しておきたいと思います。そして、行動として子どもの思いや欲求に「応えるかどうか」が本質なのではなく、子どもが子どもなりの欲求を持つことを大人が知っていて、それがどんな欲求なのかなと心を寄せることの方が大切だということも、もう一度示しておきたいと思います。

「気持ち」を子どもとおしゃべりする

行動で応えることができないとき、子どもの気持ちが分からないときには、子どもの気持ちと大人の気持ちを言葉で話すというアイデアが使えると思います。ちゃんとあなたに目を向けているということを、子どもに言葉で伝えるのです。「こうしてほしかったのかな?」とか「こんな気持ちだったの?」と話すことで、子どもは、あなたが自分の心を思ってくれていると感じられて、安心します。子どもと大人も人間同士、ちゃんと言葉で伝えると、伝わります。

もう一つ、「子どもの視点に立って物事をみる」というアイデアも活かせます。大人にとってでは「そんな小さなことで!?」「それが怖いの!?」というようなことでも、その子どもにとっては大事だったり、気になったりすることが、やっぱりあるのでしょう。子どもは、信じられないほど精度の高いアンテナを持ち、世界をちゃんと感じて、ちゃんと考えている人間です。

けれどもアンテナの高さも角度も違うから、大人にはキャッチできないことがあります。子どもの視点に立ってみても分からないとき、もし子どもがお話をしてくれるなら、子どもに聞いてみるのがよいですね。ああかな、こうかなと、あなたが考えていることを子どもに伝えることで十分です。子どもは「ちゃんと気にかけてくれた」と安心します。その安心があることで、子どもも話し始めてくれます。

大人がびっくりするようなことに、子どもが心を痛めていることも、案外ありますよね。大人が目をそらした困難に、子どもが対峙しようとしていることだってあるかもしれません。

先生と子どものアタッチメント

本書では、いろいろな形で子どもにつながりうる方々を幅広く考えたため、あえてそれぞれの大人を区別することをしませんでした。ただ、乳幼児が社会で関わることが多い大人として、家庭の中の養育者と、保育所や幼稚園の先生方について考えると、現実的に違うところも多くあります。どちらも子どもにとってアタッチメント対象になりえますが、家庭では一人の養育者に対して一人、あるいはせいぜい数名の子どもが一緒に過ごしているのに対して、家庭外の保育、教育の場では、養育者に対する子どもの数が多く、子どもたちが集団で過ごすことが多いでしょう。

アナート教授らは、子どもたちの集団サイズ、大人と子どもの人数比に着目した研究を行っています[2]。子どもの集団が小さく、数人の子どもと保育者の先生が一緒に過ごしているような場合、先生が個別の子どもに対して示す敏感性の高さが、子どもの安定したアタッチメント形成に関わることが分かっています。この敏感性は個別的敏感性と呼ばれます。

一方、子どもの集団サイズが大きく、教室などの比較的広い場所で、一人の先生が何人もの子どもに関わる保育もあります。こうした集団保育では、先生が、集団全体の様子を見渡して共感的に関わり、何が起こっているのか、子どもたちがどんな気持ちでいるのかを気にかけながら全体に関わる姿勢が、より大切になるようです。クラス全体へのまなざしを持ちつつ、集団の中にいる子どもたちが相互にやりとりできるように支える姿勢は、集団的敏感性と呼ばれています。そして、集団保育の場合、子どもが先生との間に築くアタッチメント関係には、先生の個別的敏感性よりも、集団的敏感性が影響することが研究から示されています。

クラス集団が大きくなると、現実的に一人ひとりの子どもと先生の個別の関わりは少なくなるだろうと思われます。それでは、子どもたちは先生のことを気にしていないかというと、決してそんなことはありません。先生がどんなときに、どんなふうに、自分たちに声をかけたり、関わってくれたりするかをよく見て、よく感じています。先生がそこにいて自分たちを見守っていることを知っているから、落ち着いて、安心して過ごせるのです。

子どもの集団サイズによって、先生の敏感性の異なる側面が子どものアタッチメント形成に影響する点は、保育所や幼稚園以外でも参考になるのではないかと思います。様々なスクールや教室で子どもたちと関わっている方々は、個別の子どもとの関わりと、集団全体への関わりの双方を実践されていることでしょう。子どもはちゃんと、それぞれの状況で感じることができる先生の姿から、安心感を得ているのでしょうね。

本書では詳述できませんでしたが、家庭の養育者と、幼児教育・保育の先生方とでは、関わる子どもたちの数や集団サイズ以外にも、当然ながら多くの違いがあります。そして、両者が同じやり方をする必要があるわけではないことも、敏感性の研究が教えてくれるように思います。やり方が一緒かどうかということよりも、子どもにとっては、家庭の中と外に、ちゃんと頼りにしたい、頼りにできる大人がいるということが何より大切ですね。両方の場にそんな大人がいるということを体感できているからこそ、場と場の間を行き来できるのだろうと思います。

子ども同士という特別

幼児教育・保育の先生について触れましたので、家庭の外で子どもが出会う、子ども同士の関係にも触れておきたいと思います。この本では大人との関係を軸にお話を展開しましたが、子ども同士の関係もメンタライジングの発達に大きく関わってきます。大人との間のアタッチメント関係と子ども同士の友達関係は違う性質の人間関係ですが、小さい頃から子どもがコミットし、たくさんの経験をする、それぞれに大切な関係です。

子どもたちが、家庭ではやらないことを、幼稚園や保育所で、お友達と一緒なら難なくひらりとやっている姿を見て、驚いたことがある方は多いでしょう。園ではよく「お友達のちから」などと言いますが、おうちでは頑として自分では着替えない、ニンジンは食べない、手は洗わない、靴は履かない、という子どもでも、園ではお友達と一緒にケラケラ笑いながら、こんなことはするりとやってしまうのです。

きっと、早く靴を履いて遊びに行きたいし、お友達が食べているニンジンは自分にも食べられそうに思えるし、手を洗うときもお友達と泡を立てるのが面白いし、グループで一番に洗い終えることは誇らしいのでしょう。本書では、こうした子ども同士の関係や、そこで育つ姿について十分に触れることはできませんでしたが、大人との間では見せない姿や、育ちがそこにもあることも、知っておきたいことです。

きょうだい関係

家庭の中でのきょうだい関係も、子ども同士の大切な関係です。かつて盛んに行われた「心の理論」の研究では、きょうだい間の豊富なやりとりの経験が持つ影響が注目されてきました。きょうだいは、おやつでも、おもちゃでも、親の膝に誰が座るかでも、とにかく「ライバル」であることが多いものです。相手が何をほしいと狙っているか、どんな作戦でくるか、相手の心を上手に読みながら、自分の心も巧みに見せたり隠したりしながら、日々、切磋琢磨し合っています。もちろん、互いに慰め合い、いたわり合うこともあるでしょう。

また、きょうだいがいる家庭で、それぞれの子どもの視点から胸のうちを話す、聞くことも、それぞれの心について知る契機となります。きょうだい間やきょうだいを含めた家族間のやりとりは、大人と子どもの関係とは違う角度から、心の発達を推し進める大きな経験になります。

ただ、このきょうだい関係を経験している子どもが減っているのが日本の現状です。２０２２年の「国民生活基礎調査」によると、そもそも18歳未満の子どもがいる世帯は全体の18・３％にとどまります。さらに、子どもがいる世帯の子どもの人数は「１人」の世帯が最も多く、49・３％と子どもがいる世帯のほぼ半数です。つまり日本の子どもの約半分が、一人っ子なのですね。子どもが「2人」いる世帯は38・0％、「3人以上」の世帯は12・7％ですが、これらの割合はどんどん減少しています。

家庭の外で子どもを見ること

こうした様子を鑑みると、家庭外のお友達、幼児教育・保育の場、あるいはお稽古や習い事などで出会うお友達とのやりとりの経験がますます大切になってきそうです。また、家庭の中に子どもが少ないことは、親にとっても、子ども同士の関係に触れる機会が少なくなっていることを指します。

日本では就学前に幼児教育・保育に通う子どもの割合はとても高いものです。ただ、筆者も関わった幼児教育・保育に携わる先生方についての国際調査に基づくと、園と家庭の間のコミュニケーション、特に日々の子ども同士のやりとりや活動の様子を伝え合うようなやりとりの実践は、より充実が望まれる点です[3]。

第3章では大人の「洞察性」のお話の中で、「開放性」という特徴を紹介しました。「この子はこんな子」と見方を固定してしまわずに、こんなこともするんだ！　こんな姿もあるんだ！　と大人が発見していく姿勢を指します。いつも一緒にいてよく知っている子どもだけれども、まだ自分が知らない側面があるのだという新しい見方をすることへの、開かれた姿勢です。こうした大人の視点は、自分と一緒にいないときの子どもの姿、子ども同士で遊んでいるときのふるまいを実際に見る機会を通して、大きく刺激されると考えられます。百聞は一見に如《し》かず、です。家庭で子どもに関わる養育者たちが、そうした機会を捉えて、子どもの姿に触れていくことは、子どもを見る視点、子どもの欲求を理解する視点を豊かにするための貴重な機会であると考えます。

そうはいっても働く養育者は、そうした機会に参加するのに、仕事の休みをとったり、時間をずらしたりと、調整が必要です。そのため、近年では、家庭からの参加をしやすくするため、保育参観や行事などを平日、土日祝日といろいろな曜日と時間に分散させて実施するといった工夫が進んでいます。また、より具体的に、お父さん、お母さん、おじいちゃん、おばあちゃんなど、養育者の対象に合わせた活動、行事を工夫している園もあります。家庭の養育者の就労先である企業や職場側でも、子どもの行事や参観に参加する機会を積極的に持つことができるよう、支援する動きが始まっています。子どもにつながりやすい社会が、もっと当たり前になっていくとよいなと思っています。

父親が赤ちゃんに触れる意義

本書では、父親と母親も特段の区別をせずに、子どものアタッチメント対象になりうること、子どもへのメンタライジングをする大人であるという点を重視してきました。アタッチメント対象としての父親の姿については、第5章でも取り上げました。

公園でも小児科でも園の送り迎えでも、たくさんのお父さんに日々会いますし、父親の育児時間は増えているように感じられます。しかし、各種の調査をみると、父親と母親間において、子どもに日常的に関わる時間、頻度に大きな違いがあることは、無視できない事実です。令和4年度雇用均等基本調査に基づく日本の男性の育児休業取得率について、実態は17・13％という数値でした。令和3年度に比べて3・16ポイント増えて過去最高であり、取得が進んでいるという肯定的見方も聞きます。しかし、17・13％の数値をもって「進んでいる」とは非常に悲しい現状です。

なお、調査の違いから単純な比較はできませんが、厚生労働省による令和5年度男性の育児休業等取得率の公表状況調査（速報値）では46・2％と示され、「より進んでいる」ことが期待される数値となっています。

無論、育休を取得したいという個人の思いと、実際に取得ができるかどうかには、それぞれの職場の現実的環境の問題があり、父親と母親の意識差の問題に単純化することはできません。ただ、筆者は、本書でページを割いた、大人の子どもに対するメンタライジング、敏感性、マインド・マインデッドネス、情緒的利用可能性、洞察性、そしてそれらを働かせながら子どもの安心の基地と安全な避難所になることは、「親だからこうすべき」という観念的理解で、少なくともそれだけで、実現するものではないと思っています。

それらは意識や観念よりも、実際に赤ちゃんに触れることで大人が刺激を受けて、こうかな、ああかな、と駆動し始める大人の心の動きだと考えています。ですから、実際に赤ちゃんに接して、視線を交え、声を交わし、抱っこしたりおんぶしたりすることを、まずは大人がやってみることの意味が大きいと考えています。そういう経験を、大人がみんな持てるような社会であることで、子どもに安心感を届けられる大人になっていけるのではないかと思うわけです。

特に、育児休業は、多くは出産後の1年以内の時期です。この短い期間に子どもと関わることで、きっとその後に長く続く成長のプロセスにおいても、子どもの姿を見る・関わる機会に積極的に参加したくなる姿勢が、子どもによって大人の中に引き出されるのではないかと思います。赤ちゃんが、子どもへのメンタライジング・スイッチをオンにしてくれるのだと思います。

3. あなたの心を思ってもらう

大人にも必要な「安心感の輪」

子どものために何かできないだろうかと、日々子どもの心を思っている皆さんへ、最後にお伝えしたいことがあります。それは、あなたが子どもの心を思うように、あなたの心を誰かに思ってもらうことの大切さです。

アタッチメントは、「ゆりかごから墓場まで」と言われるように、誰にとっても、何歳であっても大切な機能を持ちます。第1章で示した「安心感の輪」の構図は、大人においても、あなたとあなたの頼りにしたい人との関係として考えることができます。

あなたにとって、安心の基地になる人、安全な避難所となる人は、誰でしょう。大人にとっても、安心の基地、安全な避難所を頼りにできることは、とても心強いことです。そして、大人が安心の基地や安全な避難所を求めることは、とても自然なことなのです。

子育てをする大人を支える

子育て支援に携わっておられる方々の重要な役割には、子どもの育ちを直接支えるのみならず、親や養育者などの子どもに関わる大人を支えるという側面があります。養育者の支援として、子育てに関するコツやスキルを直接「教える」ものがあります。加えて、養育者が抱える不安やストレスを支援者が一緒に抱え、一緒になって整えるという支え方があります。支援者が、養育者のアタッチメント対象になって安心の基地、安全な避難所の機能を持つことで、養育者側の安心感を支えていくという視点です。

大人も、自分の心を誰かに大切に思ってもらうことで、温かい情緒的エネルギーを得ます。そうやって安心と、落ち着きを取り戻すことで、本来それぞれが持っていた豊かなちからを、それぞれのやり方で発揮できるようになります。安心感を礎にすることで発揮される、その大人ならではの賢さ、強さ、優しさを持った子どもへのまなざしと関わりには、例えばハウツーのように「教えられた」子育てのコツとかスキルをいくら足し合わせても、遠く及ばない豊かさと深さがあるだろうと思います。

コツやスキルを学ぶことの意味も、もちろんあります。ただ、養育者が抱える子どもに関わる大変さやつらさ、あるいは日々の頑張りを、誰かに思ってもらうこと、一緒に抱えてもらうという経験が、コツやスキル以上の意味を持っているのではないかと考えています。

私の気持ちを思ってもらう

私自身にとっては、例えば子どもが通っていた保育園の先生方に、私の気持ちを思ってもらえたこと、抱えてもらえたことが大きな支えになりました。子どもがおねしょを繰り返して夜なのか朝なのか分からない一日の始まりに、保育園の先生が「それは大変だったねー」「お母さんも眠いだろうけど、一日頑張ろうね！」と言ってくださったことを覚えています。そうなんです、大変だったんです。私、恐ろしく眠いんです……。自分でわざわざ言葉にして相談するほどではないけれど、それでも確かにある心のうちを、保育園の先生方が日々、言葉にして抱えてくれました。子どもではなくて、おねしょではなくて、私の気持ちを思ってくれる言葉が、とてもありがたいものでした。

私にとって、こうした言葉は、日々いろいろあるけれども、何とかやっていこうという気持ちの支えであったと思います。そんな大変さや、睡眠不足なんて当たり前、親なんだからしょうがないでしょう、と思われるかもしれません。家庭の親が吐露する心配や困りごとには、「なんだ、そんなこと」と言われてしまいそうなことが多いでしょう。けれども、「そんなこと」を手掛かりに、親がそれを抱えている大変さ、つらさ、不安、寂しさに思いを寄せて、それをそのまま一緒に味わってくれるような相手がいてくれることで、親は安心を取り戻せるのだと感じています。

「おねしょ　対策」とインターネットで検索すれば、数えきれないほどの「対策法」「コツ」が提示されます。年齢、性別、季節に応じて、きめ細かな情報を一瞬で得ることができます。でも、情報はおぼれるほどにあるのに、「昨日眠れなくて、大変だったね」と私の気持ちに声をかけてくれるサイトは、どこにもありません。こういうとき、ほしいのは情報ではありませんん。自分の気持ちを思ってくれる人がいると感じられることが、大きいのではないかと思います。「なんだ、そんなこと」だからこそ、それをそのまま表現できる関係、そのまま受け止めてくれる人間同士の関係は、ありがたいものです。

大人は互いに思い合う

大人と子どもの間のアタッチメント関係は、子どもが、自分よりも大きく強く、賢く、優しい存在である大人との間に形成していくものでした。しかしやがて成長し、大人になるにつれて、アタッチメント対象は、自分と年齢としては違わない、親しい友達、恋人、パートナーなどにも広がっていきます。つまり、大人同士の間でアタッチメント関係が築かれるようになります。そこには、互いが互いにとっての安心の基地や、安全な避難所の役割を担い合うという特徴があります。

例えば家庭の養育者にとって、保育園、幼稚園の先生、支援者などの専門家に気持ちを抱えてもらう、支えてもらうのは大きな支えになります。あるいは、家族間であったり、養育者同士のお友達であったり、「横」の関係における支え合いも、とても大切です。同じくらいの年齢の子どもを育てる友達同士で日々の出来事をおしゃべりすること、「分かる!」とか「それは腹が立つね」などと言ってもらえることは、なんとも言えず嬉しく「分かってもらえた」と心が軽くなる経験ではないでしょうか。

もちろん、家族間や友人間におけるアタッチメント関係以外の側面もそれぞれにありがたく、私たちを支えてくれるものであります。ただ、自分がつらさや大変さを感じているときにはなおのこと、受け止めてもらえること、応援してもらえることは嬉しいですよね。

大人のアタッチメント欲求

子どもとの関わりや子育ては、きっと多くの大人にとって大冒険でしょう。本書のコラムでも触れましたが、例えば育ちの様子が気になったり、子どもとの生活をうまく回していくことに伴う難しさやストレスを感じたりすることは、大なり小なりそれぞれにあるものだと思います。保育者や教育者などの専門家であっても、いえ、だからこそというものもあるでしょう、子どもを巡る気がかりや心配、困難さは、尽きることがありません。子どもの命と向き合う日々で生じる不安やストレスは、日々堆積していきます。そのつらさによって、大人のアタッチメント欲求が活性化されることがあると思います。

子どもと関わることがつらいとき、苦しいとき、大人の側の安心感が脅かされていないだろうかと、大人の心、あなたの心に目を向けることも大切です。アタッチメント欲求は、頼りになる人にくっつきたいという気持ちですが、それは、自分の心を整えたい、一緒に整えてほしいという気持ちの表れでしょう。子どもも大人も、大変なとき、怖いとき、つらいとき、何とか「大丈夫」になりたいのです。大丈夫と感じられるようになりたいという欲求があるから、頼れる人に向かって近づいていくのだと思います。

私たちは、泣き止みたくて、泣くのです。それは、依存や甘えではなくて、「大丈夫」になるための強さだと思います。ボウルビィの着眼点に立ち戻るならば、生き残ろうとして、身体と心の保護を求める、生き物としての命の強さなのではないでしょうか。

あなたの心を思うこと

私たち大人も、子どもと同じく、大丈夫だと感じられるときに、自分が持つちからを十分に発揮して、探索活動ができます。子どもとの関わりにおいても、大人自身が安心を感じられる状態において、存分に子どもの心を思うことができるのです。「何かがあっても大丈夫」という心持ちは、私たち大人にとっても、自分のことを思ってくれる誰かとの関係の中で保たれ、揺らいだときには何度でも思い出させてもらうものではないかと考えます。

もし、子どもとの関わりにおいて、自分一人で何とかしなくては、何でもしなくてはと思っておられる方がいらしたら、あなたのことを思ってくれる人につながり、過ごす時間を持つことを、ご自分に対して許してほしいと思います。もし、子どもと関わることに疲れたり、つらかったり、不安になったりして、誰かにその気持ちを抱えてほしいと思ったら、それは、あなたが大丈夫でありたいと願い、そのために行動しようとしているのです。弱さでも、未熟さでもなく、それとは反対のところにある強さだと、私は思います。

子どもは伸びゆくエネルギーのかたまりです。いつでも、ここから、伸びていきます。そうした子どもの心を思うことに、大人は大きなエネルギーを注いでいます。そんな日々だからこそ、子どものことを思うあなたの心について、あなた自身がゆっくりと耳を傾けることも、必要であろうと思います。日々いろいろなことがありますが、私たち大人だって、いつでも、ここからです。

この本が、子どもの心を思い、子どもに関わる大人の心を思い、そしてあなたの心を思う時の灯になれれば幸いです。

1 Howes, C. (1999). Attachment relationships in the context of multiple caregivers. In Handbook of attachment theory and research, Edited by: Cassidy, J. and Shaver, P. R. 671–687. New York, NY: Gilford.
2 Ahnert, L., & Lamb, M. E. (2000). Child-care provider attachments in contrasting German child care settings II: Individual-oriented care after German reunification. Infant Behavior and Development, 23, 211–222.
3 国立教育政策研究所編、（２０２１）、幼児教育・保育の国際比較：ＯＥＣＤ国際幼児教育・保育従事者調査２０１８報告書　第２巻　―働く魅力と専門性の向上に向けて―、明石書店．

あとがき

娘が生後4カ月になった頃のある昼下がりを、不思議なことによく覚えています。抱っこしているうちに眠った娘を腕に抱いたまま、私はソファに座っていました。「ベッドにおろすと起きるだろうな……」「読みかけの小説には、手を伸ばしても届かないな……」。どうにも動く気になれず、目に入るものといえば、抱っこしている娘の頭くらいです。気づくと私は、その小さな頭を観察していました。

頭のてっぺんの少し右後ろにあるつむじは、右巻き。つむじから左前側に向かっては多めに、右下側は少なめに、髪の毛が生えている。髪の毛は糸より細くて柔らかく、光が当たると透ける茶色っぽさがある。髪の毛はどれくらい生えているだろうか。1、2、3、4……。

つむじを起点に300本を超えるまで髪の毛を数える間、世界は私とつむじでできていました。完全な静寂。果てしない静寂。そこをただようううちに、何故だか突然、「よし、いつかこのことを本に書こう」という思いが胸に湧きました。ソファから3時間ぶりに腰を上げると、熟睡していた娘がにっこり目覚めました。

その後、娘はすくすくと音をたてるように成長し、保育園に通うようになりました。私は仕事に復帰し、何とか日々をやりくりしていたときに「アタッチメントをテーマに本を書きませんか」という電話を受けました。驚きつつ電話でお話ししながら、私の頭には、あの日の記憶と思いが鮮やかによみがえってきました。かくして、私のつむじ観察記録を本当に書くことができ、感慨深く思います。

赤ちゃんと暮らした小さな世界、私とつむじしかないと思った世界が、広く多くの方につながる大きな世界と連続したことに、言いえぬ安堵を覚えます。小さな世界は静かだから、にぎやかな場では聞き漏らしそうな心の声を聞くには、適しているやもしれません。小さな赤ちゃんがくれた、小さくとも深い世界を、存分に味わってみてよかったことの一つです。

でも、それはもちろん、ワンオペ育児、アウェイ育児といわれるような、孤立や切り離されることをよしとしているのではありません。赤ちゃんと過ごす大人には、ふいに世界が小さく感じられて、赤ちゃんと自分だけが世界から切り出されてしまうような、言い得ぬ孤独を感じることがあるかもしれません。赤ちゃんを見つめているようで、自分を見つめているような時間は、時に怖く、不安かもしれないから、なお一層、安心の源となる誰かとつながっていることの大切さを思います。

この本には、子どもに教えてもらったことを記しました。

本書に示した赤ちゃんに関する筆者の研究はいずれも、子どもとの生活を経験する前に行ったものです。ひたすら現象を現象として切り取って行ってきた研究を、今、振り返る機会を得たことをありがたく思っています。アタッチメントやメンタライジングを、実際に動き回る人間の中に見て、考える貴重な機会となりました。

本来、本書にはこの感覚を描きたかったのですが、大人と子どもを立体的に、体温を感じられるように描くことの難しさを痛感しております。本書を通して、アタッチメントに関心を持っていただいた方、より深く知りたいと思った方に向けて、本書の最後（２９４頁）に筆者の推奨する資料をまとめましたので、興味のある方はお手に取ってみてください。

本書の執筆にあたり、多くの方に支えをいただきました。第1章について、甲南大学の北川恵教授にコメントをいただきました。北川先生は「安心感の輪」の考え方と、それに基づく子育て支援プログラムを日本に紹介した方です。第1章に掲載した図は、北川先生たちのグループが翻訳なさったものです。正確さだけではなくて、分かりやすく、親しみやすく、読んだ人が安心して受け止められるような表現の選定に、先生の温かい思いを感じていつも感動しています。

第2章、第5章については、帝京大学の近藤清美先生に貴重なコメントをいただきました。近藤先生はアタッチメントについての深い知識と臨床経験をお持ちであることに加えて、非常に幅広い視点で人の発達と子育ての奥深さを探求されています。

このお二人の尊敬する先生とは、第3章で触れた養育者の「洞察性」の評価方法を学ぶワークショップが行われたパリで出会いました。筆者がまだ院生だった頃から本日まで、教えをいただき続けています。ここに記して感謝申し上げます。そして、アタッチメント理論を教えてくださり、それに基づく研究を指導してくださった、東京大学の遠藤利彦先生に感謝いたします。

光文社新書編集部の永林あや子さんと出会えたことも、筆者には大きな幸福でした。少しずつ仕事や研究に気持ちを向けることができるようになり、しかし乳幼児との生活の鮮度が落ちない絶妙なタイミングで、執筆にお誘いをいただきました。最初にお電話をいただいた日から出版まで、実に4年もかかってしまった長い旅路を、時に安心の基地に、時に安全な避難所となって支えてくださいました。とても心強く、おかげさまでとても楽しい旅でした。

山本重也さんには、本書に素敵なイラストを添えていただきました。筆者の経験やイメージをイラストにしていただいたおかげで、読者の皆様と共有できた点が多くあると思います。ありがとうございました。

夫に「新書執筆のお誘いをいただいたのだけれど」と相談したとき、一言目が「それはやるべき。応援するよ」というものだったことも、嬉しく覚えています。思わず、「私が安心の基地について書こうとしているのを知っているの?」と聞きたくなるほどでした。日々、確かに応援してくれることに感謝しています。

娘は、幼児期を軽やかに駆け抜けて、ただいま児童期を満喫中です。親のひいき目ながら、彼女の創造性と表現力には舌を巻くところがあります。先日は洗濯物のズボンをたたみながら、どの向きで折っても右足と左足が揃わず「ズボンのつじつまが合わない!」と笑い転げていました。いつもいっぱい感じて、いっぱい考えているよね。いつもたくさんの楽しさと明るさをありがとう。たくさんのことを教えてくれて、ありがとう。

あっという間に大きくなっていく娘の、怖いことや嫌なことは、赤ちゃんの頃とはずいぶん違ってきました。児童期のアタッチメント研究は、乳幼児期や、その先の青年期、成人期と比べて少ないのです。この時期の子どもの気持ちの様子も、実に豊かで奥深く、またどこかで、大きくなった子どものアタッチメントについて考える機会があればと思います。

最後に、きっと今の私と夫と同じように、笑ったり悩んだりしながら私を育ててくれた両親に感謝を伝えたいと思います。おかげさまで私は、「何とかなるでしょう」と前を向いて、今日も生きています。

二〇二四年二月　　篠原郁子

筆者推奨資料まとめ

アタッチメントについて、より深い知識を得たいと考えた方へ、本文に引用した書籍や論文の他に、以下の資料をお勧めします。

①「アタッチメント　生涯にわたる絆」
（数井みゆき・遠藤利彦編著、ミネルヴァ書房、2005年）

アタッチメント理論と研究について深く知りたい方へおすすめする、専門的な学術書です。

②「入門　アタッチメント理論　臨床・実践への架け橋」
（遠藤利彦編、日本評論社、2021年）

子どもの育ちに関わり、アタッチメントをより詳しく知りたい方におすすめしたい書籍です。学術書ではありますが①よりも読みやすく、理論の解説と臨床場面や実践へのつながりについても知ることができるかと思います。

③「心ってどこにあるのでしょう？」
（こんのひとみ作、いもとようこ絵、金の星社、2018年）

アタッチメントやメンタライジングに特化したものではありませんが、子どもと一緒に読める絵本です。幼児向けですが、小さな心理学者がたくさん生まれそうな内容です。

④ Circle of Security International オフィシャルサイト
（https://www.circleofsecurityinternational.com/）

本書に何度も登場した「安心感の輪」の詳細情報を得られます。基本的に英語表記ですが、日本語版の説明図や説明動画もあります（https://www.circleofsecurityinternational.com/resources-for-parents/）。

篠原郁子（しのはらいくこ）
九州大学教育学部卒業。京都大学大学院教育学研究科博士後期課程単位取得退学。博士（教育学）。専門は発達心理学、教育心理学。国立教育政策研究所生徒指導・進路指導センター、および幼児教育研究センター主任研究官等を経て関西外国語大学外国語学部教授。2024年度より立命館大学産業社会学部教授。乳幼児期の社会情緒的発達を中心に、親子関係、幼児教育・保育の研究を行っている。著書に『心を紡ぐ心―親による乳児の心の想像と心を理解する子どもの発達』（ナカニシヤ出版）などがある。

子《こ》どものこころは大人《おとな》と育《そだ》つ
アタッチメント理論《りろん》とメンタライジング

2024年3月30日初版1刷発行

著　者 ―― 篠原郁子
発行者 ―― 三宅貴久
装　幀 ―― アラン・チャン
印刷所 ―― 堀内印刷
製本所 ―― ナショナル製本
発行所 ―― 株式会社光文社
東京都文京区音羽1-16-6（〒112-8011）
https://www.kobunsha.com/
電　話 ―― 編集部03(5395)8289　書籍販売部03(5395)8116
業務部03(5395)8125
メール ―― sinsyo@kobunsha.com

 ISBN 978-4-334-10251-7

1300
〈共働き・共育て〉世代の本音
新しいキャリア観が社会を変える
本道敦子　山谷真名
和田みゆき

当事者インタビューで明らかになった、〈共働き・共育て〉を志向するミレニアル世代の本音、そして子育て中の男性の苦悩。当事者、そして企業が取るべき対策とは？【解説・佐藤博樹】

978-4-334-10249-4

1301
子ども若者抑圧社会・日本
社会を変える民主主義とは何か
室橋祐貴

変化の激しい時代に旧来の価値観で政治が行われ、閉塞感が漂う日本。先進諸国で若い政治リーダーが台頭している中、なぜ日本だけ変われないのか？・若者が参加できる民主主義を示す。

978-4-334-10250-0

1302
子どものこころは大人と育つ
アタッチメント理論とメンタライジング
篠原郁子

ボウルビィが提唱したアタッチメント（愛着）は、子どもにとって重要なすべての大人との間に形成されうる。心で心を思うこと《メンタライジング》をベースに、アタッチメント理論をわかりやすく解説する。

978-4-334-10251-7

1303
頭上運搬を追って
失われゆく身体技法
三砂ちづる

今の日本では失われつつある身体技法「頭上運搬」。沖縄や伊豆諸島ほか日本各地や海外にその記憶と痕跡を訪ねる。生活や労働を支えた身体技法と、自らの身体への理解や意識を考察。

978-4-334-10252-4

1304
定点写真で見る　東京今昔
鷹野晃

江戸・明治・大正・昭和――。東京はいかに変貌したのか。東京を撮り続けて40年の写真家が、「定点写真」という手法を用いて破壊と創造の首都を徹底比較。写真451点収録！

978-4-334-10253-1